W0351144

# Une Anglaise
# à Paris

Nancy Mitford

# Une Anglaise à Paris

## Chroniques

*Traduit de l'anglais et présenté*
*par Jean-Noël Liaut*

Payot

*Retrouvez l'ensemble des parutions*
*des Éditions Payot & Rivages sur*
www.payot-rivages.fr

RÉFÉRENCES

Le chic en Angleterre, en France et en Amérique :
*The Atlantic Monthly*, octobre 1951.

Chroniques parisiennes (1949-1953) :
*The Sunday Times.*

Portrait d'une demeure française :
*The Sunday Times*, 6 août 1961.

Made in France :
*New Statesman*, 15 juillet 1966.

Mai 1968, journal d'une révolution :
*The Spectator*, 31 mai et 7 juin 1968.

© The Estate of Nancy Mitford.
© 2008, Éditions Payot & Rivages,
pour la traduction française,
106, bd Saint-Germain, Paris VI^e^.

# Présentation

« Je sais désormais que je ne pourrais plus supporter de vivre ailleurs* », écrivait Nancy Mitford (1904-1973) à son ami le romancier Evelyn Waugh, le 9 août 1946. Pourtant, à cette date, Paris, sa ville d'élection, était exsangue après plusieurs années d'occupation. Ses habitants avaient faim, ils venaient de survivre à un hiver rigoureux sans chauffage et les transports fonctionnaient de manière erratique, rendant tout déplacement hasardeux. Mais l'auteur de *La Poursuite de l'amour* n'en avait cure. Tout l'amusait, des déboires des ex-collaborateurs aux coulisses du gouvernement. Elle avait l'impression d'évoluer dans une pièce pleine d'intrigues palpitantes qui aurait pour cadre architectural la plus belle ville du monde. Nancy avait la sensation d'avoir quitté une mine de charbon, en l'occurrence Londres, et d'être enfin exposée à la lumière du jour. Toute sa

* *Love from Nancy. The Letters of Nancy Mitford*, édition établie par Charlotte Mosley, Londres, Hodder & Stoughton, 1993, p. 174.

correspondance souligne l'euphorie qui était alors la sienne.

Sa francophilie naturelle est loin d'expliquer à elle seule un tel comportement. Son bonheur avait pour nom Gaston Palewski, très proche collaborateur du général de Gaulle, dont elle était tombée amoureuse à Londres pendant la guerre*. Vivre dans la même ville que lui, à quelques mètres seulement de son domicile, lui parler tous les jours au téléphone ou lui rendre visite à la dernière minute, s'il en exprimait le souhait, voilà bien tout ce que désirait la romancière en août 1946. Paris était intimement liée à cet homme qui n'éprouva jamais les mêmes sentiments à son égard. Elle n'était qu'une maîtresse de plus à son tableau de chasse, il ne s'en cacha d'ailleurs jamais.

Nancy Mitford était véritablement obsédée par Palewski, son existence entière gravitait désormais autour de ses passages éclairs, entre deux rendez-vous. Le plus souvent, il annulait à la dernière minute et elle se retrouvait seule face à ses terreurs, car Palewski collectionnait ouvertement les conquêtes féminines. Elle devait serrer les dents et ne jamais se plaindre : il n'aurait pas supporté le moindre reproche. Lorsqu'il daignait lui accorder un quart d'heure, de temps à autre, Nancy entrait en scène afin de le distraire et de l'amuser, sans un instant de répit. « Racontez encore ! Et à part cela, quelles sont les nouvelles ? » Palewski

---

* Gaston Palewski (1901-1984) fut notamment directeur de cabinet du général de Gaulle à Londres de 1942 à 1946, député RPF, ambassadeur de France à Rome, ministre de la Recherche scientifique dans le gouvernement Pompidou et président du Conseil constitutionnel.

la harcelait de questions et la peur de ne pas être à la hauteur de telles attentes la hantait. Elle se transformait donc en Shéhérazade, évoquant tour à tour avec la même verve son excentrique famille, les derniers potins du gratin ou la vie culturelle londonienne et parisienne. Un passage de son roman *Le Cher Ange* éclaire leurs relations de manière saisissante pour quiconque sait lire entre les lignes. Il met en scène Charles-Édouard de Valhubert, double fictif de Palewski, et l'une de ses maîtresses, Albertine Marel-Desboulles, qui aurait tout aussi bien pu se prénommer Nancy. « Charles-Édouard la trouvait plus distrayante que n'importe qui, et de fait elle n'était jamais ennuyeuse car elle avait toujours quelque chose à raconter. Non pas de simples tranches de vie servies sur une épaisse assiette blanche, mais de merveilleuses préparations relevées par les fruits parfumés et exotiques de son imagination pimentée, et présentées exactement comme il le fallait pour amuser le palais d'admirateurs raffinés*. »

Sa tristesse ne devait jamais peser sur Gaston dont le pire ennemi était l'ennui ; il venait oublier tensions et tracas auprès de l'élégante et spirituelle Nancy Mitford – écrivain, femme du monde et enfant terrible dont la langue acérée était redoutée de tous. « En présence de Nancy, personne n'osait partir avant elle de peur d'être la victime de son humour caustique et souvent cruel », m'a confié un jour sa sœur Deborah, et cette remarque en dit long sur les sentiments de son entourage. Mais Gaston, qui ne fut jamais victime de ses dards, s'en repartait ravi, la laissant de nouveau seule et désemparée jusqu'à la

---

* Nancy Mitford, *Le Cher Ange*, Paris, Stock, 1952, p. 95.

prochaine représentation. Nancy, qui n'était pas connue pour sa tolérance, acceptait tout de lui : Palewski refusait de partir en vacances seul avec elle, il ne voulait pas que leur duo passe pour un couple officiel aux yeux de leurs proches et lui interdisait donc de l'appeler par son prénom en public ; quant à l'épouser, il prétextait qu'un mariage avec une divorcée était inenvisageable.

Cela étant posé, l'existence parisienne de Nancy était loin d'être sinistre, bien au contraire. Elle oubliait les frustrations et humiliations endurées grâce à un quotidien fort stimulant. En s'installant définitivement en France, fin décembre 1947, la romancière estimait qu'elle avait gagné au change. À Londres, elle n'était que l'une des célèbres sœurs Mitford et l'épouse malheureuse et frustrée d'un homme inconséquent, Peter Rodd, mais à Paris elle était un auteur à succès recherché pour sa conversation si spirituelle. Gaston Palewski ne pouvant remplir le rôle qu'elle lui avait attribué, Nancy décida alors que le pays de l'homme qu'elle aimait comblerait tous ses manques. La France, son histoire et sa culture, sa gastronomie et ses maisons de haute couture, son aristocratie et ses châteaux, mais aussi ses paysans ou ses coureurs cyclistes, furent désormais parés de tous les prestiges.

Elle emménagea au rez-de-chaussée d'un hôtel particulier du XVIIIe siècle, rue Monsieur, dans le septième arrondissement. Nancy avait enfin trouvé un écrin où vivre à sa guise et recevoir ses nombreux amis, et selon l'écrivain Harold Acton son appartement devint rapidement « une annexe culturelle de l'ambassade de Grande-Bretagne ». Elle ne disposait que de trois pièces, mais l'ensemble était d'un raffinement absolu parce qu'elle avait su créer des correspondances inspirées entre ses objets favoris – un bureau Sheraton, des paravents chinois, une pendule en porcelaine de Dresde, des sièges Louis XVI ainsi que divers tableaux singuliers, parmi lesquels un Longhi de première qualité. N'ayant aucun talent domestique, Nancy avait engagé une Normande solide et dévouée, Marie Renard, dont elle ne pouvait se passer. Lorsque Marie partait en vacances, elle allait jusqu'à laisser plusieurs aiguilles prêtes à l'emploi, avec des fils de différentes couleurs, au cas où Nancy aurait besoin de recoudre un bouton de ses robes Dior ou Lanvin. Elle savait que son employeuse aurait été bien incapable de les enfiler elle-même.

Lorsqu'elle ne travaillait pas, Nancy menait une vie mondaine et culturelle intense, passant d'une exposition à un ballet, d'une pièce de théâtre au salon de quelque grande hôtesse, où elle exerçait son humour astringent et côtoyait les écrivains et artistes les plus en vus – citons seulement Jean Cocteau, Christian Bérard ou Georges Auric.

Elle tentait également d'oublier les absences de Palewski en s'adonnant à sa passion de la haute couture. Grande et mince, toujours tirée à quatre épingles, Nancy Mitford, qui fut la première Anglaise à porter le New Look de Christian Dior, pensait que l'élégance lui était aussi indispensable que l'oxygène. Ce monde extravagant et frivole inspira également sa plume d'épistolière : « Je viens de voir Dolly Radziwill et elle m'a raconté l'histoire suivante. Sa vendeuse, chez Balmain, a reçu un nouveau client, un certain M. Lecomte qui a commandé six robes et lui a dit : "Mon épouse est indisposée. Pourriez-vous les lui apporter à la maison ?" Elle se rend donc sur place, un appartement luxueux. Une créature exquise fait son apparition, cascade de cheveux dorés, taille de guêpe ravissante, longues jambes parfaites et ainsi de suite. Elles se mettent alors à essayer les robes. Soudain, la vendeuse réalise que ces adorables petits seins ne sont pas tout à fait vrais. Elle regarde à nouveau le visage. Horreur ! M. Lecomte en personne* ! » Nancy confia à un autre correspondant que ce travesti était si incroyablement chic que le Tout-Paris l'invitait désormais à ses soirées afin de mieux pouvoir l'admirer. La France de la fin des années 1940 était aux antipodes de son petit manège enchanté, mais notre Anglaise, qui n'avait jamais entretenu des rapports très cordiaux avec la réalité, n'en avait cure.

Pourtant, ne nous y trompons pas, elle n'avait rien d'une oisive fortunée et, ne disposant d'aucuns biens personnels, devait travailler durement pour assurer ce style de vie dispendieux. Elle faussait alors compagnie à ses riches amis pour se consacrer à un nouveau projet, et les années qu'elle passa en France furent pour le moins fructueuses – trois romans, quatre biographies, de nombreux articles, des milliers de lettres, ainsi que deux traductions et des collaborations cinématographiques. On lui doit notamment les dialogues délicieusement cyniques de *Noblesse oblige* (1950), l'un des classiques du septième art. Le succès fut toujours au rendez-vous, au point que *L'Amour dans un climat froid* (1949), le premier roman qu'elle écrivit en France, devint immédiate-

* Harold Acton, *Nancy Mitford. A Memoir*, Londres, Hamish Hamilton, p. 71.

ment un best-seller international. On racontait alors qu'un soir à Buckingham Palace, tandis que les souverains et leurs proches jouaient à des charades, la reine avait dû faire deviner le titre d'un livre. Elle avait embrassé le roi en grelottant et tous ses invités avaient trouvé la réponse dans la seconde. En Égypte, le même ouvrage fut rangé dans la catégorie « littérature pornographique » sous le titre : *Comment faire l'amour dans un climat froid.*

La France occupa désormais, et ce jusqu'à sa mort, la place principale dans son cœur. Nancy n'en finissait plus de clamer que l'Angleterre incarnait tout ce que l'on pouvait détester – la laideur, l'austérité protestante, le froid et la pluie – tandis que son pays d'adoption n'était que lumière et douceur de vivre. Elle ne pouvait s'empêcher d'associer un passé douloureux – enfance solitaire, relation amoureuse chaotique avec un jeune homosexuel, mariage stérile, dans tous les sens du terme – à sa terre natale et donc d'idéaliser la France. Il suffit pour le comprendre de feuilleter sa correspondance.

À l'en croire, les Britanniques détestaient la gastronomie, le vin, la mode et le sexe, contrairement à ces irrésistibles Gaulois auprès de qui elle avait choisi de s'exiler. Les cambriolages ? Un passe-temps on ne peut plus anglais, une activité totalement inconnue en France. L'inculture ? La pire insulte qu'un Français puisse lancer à un compatriote. Ne sommes-nous pas connus pour notre goût immodéré des musées ? Ses descriptions de la Française sont tout aussi comiques ; elles donnent à penser que la romancière avait à faire à un mélange de Mme de Pompadour et de Louise de Vilmorin – une vision pour le moins éloignée de la vérité, tout comme Nancy et ses sœurs, belles et fantasques, étaient à des années-lumière de l'Anglaise type.

Quant à sa vision de la vie à la campagne, on n'avait rien vu de tel depuis *L'Astrée*, le roman pastoral et précieux d'Honoré d'Urfé. Le lecteur découvrira dans ce volume un texte intitulé « Portrait d'une demeure française », qui souligne à quel point son auteur se plaisait à vivre sur un nuage. Sainte-Foy s'appelait en réalité Fontaine-les-Nonnes ; il s'agissait d'une propriété située en Seine-et-Marne, à moins d'une heure de voiture de la capitale, qui représentait à ses yeux la France provinciale et idéalisée des cartes postales. Nancy, qui y séjournait chaque année, livre une description plus proche de l'univers de la comtesse de Ségur que de la réalité rurale de l'après-guerre. Elle ira jusqu'à écrire à une amie que les fermiers de la région étaient si prospères qu'ils ne quittaient leurs tracteurs que pour collectionner des incunables. Dans une autre lettre, elle précise que son hôtesse et amie, Mme Costa de Beauregard, qui lui inspira le personnage de la marquise de Valhubert dans *Le Cher Ange*, passait huit heures par jour à prier à genoux dans sa chapelle privée ; le reste du temps, la vieille dame jouait au bridge en parlant de Dior et de duchesses déclassées.

Il va sans dire qu'en Angleterre la francophilie exaltée de Nancy Mitford irritait la plupart de ses proches. À commencer par Evelyn Waugh, qui lui reprochait violemment sa frivolité, même si, intrigué par ses descriptions, il vint séjourner chez elle, rue Monsieur. Considéré comme le plus grand romancier britannique vivant, il fut accueilli triomphalement dans la capitale et Nancy lui présenta de nombreuses personnalités – citons seulement Paul Claudel –, mais

Waugh ne se força jamais à être aimable avec tous ces Frogs qui se bousculaient pour le rencontrer.

« Comment peut-on être catholique et aussi féroce ? Qu'en est-il de la charité chrétienne ? lui demanda son hôtesse, interloquée par tant de muflerie.

– Mais chérie, ce serait bien pire si je ne l'étais pas. Et de toute façon, cela fait bien longtemps que je me serais suicidé », lui répondit-il sans sourciller.

Les sœurs de Nancy ne manquaient pas également de railler la mauvaise foi que lui inspirait notre pays. Ainsi, lorsqu'elle utilisait une expression ou un mot français dans la conversation, ce qui lui arrivait très souvent, Deborah répliquait aussitôt dans notre langue : « Ah ! oui ? Quelle horrible surprise ! » Chacun s'esclaffait, mais la principale intéressée faisait semblant de n'avoir rien entendu.

Nancy alla jusqu'à puiser son inspiration littéraire dans notre passé et nos mœurs. Ses romans *Le Cher Ange* et *Pas un mot à l'ambassadeur* sont de véritables lettres d'amour adressées à la France, un pays de conte de fées où les domestiques changent trois fois par jour les bouquets de fleurs dans votre chambre. Quant à ses sujets de biographies, ils parlent d'eux-mêmes. En consacrant des ouvrages à Mme de Pompadour, Voltaire ou Louis XIV, elle se replongeait avec bonheur dans les XVII$^{e}$ et XVIII$^{e}$ siècles français, un modèle de civilisation absolu à ses yeux, et comprenait mieux que quiconque les motivations aristocratiques et intellectuelles de ses personnages. Pour certains détracteurs, l'histoire de France n'était qu'un vague prétexte pour transposer l'excentricité des Mitford, seuls le décor et l'époque changeaient. « C'est tout à fait vrai, répliqua-t-elle. Un récit historique est subjectif et tous ces historiens suffisants décrivent leurs propres familles, voilà pourquoi leurs écrits sont si ennuyeux*. » Cette riposte ne doit pas faire oublier la rigueur qui caractérisait son travail de recherches. Pour le reste, ses millions d'admirateurs recherchaient avant tout l'inimitable ton Mitford. Alors pourquoi les en priver ?

Nancy traduisit en anglais *La Princesse de Clèves*, le chef-d'œuvre de Mme de La Fayette, et *La Petite Hutte*, une pièce à succès d'André Roussin. Bien que détestant Marie-Antoinette, elle collabora au film que Jean Delannoy consacra à la reine, interprétée à l'écran par Michèle Morgan. Enfin, le succès de *L'Amour dans un climat froid* en 1949 lui apporta une collaboration fructueuse avec le *Sunday Times*, à la demande de Ian Fleming, créateur de James Bond. Il avait compris que cette romancière installée en France pourrait régaler les Britanniques en leur proposant de piquantes chroniques parisiennes. Fleming lui laissa carte blanche, elle put s'exprimer en toute liberté sur les sujets les plus variés. Si certains thèmes évoqués ont un charme désuet pour le lecteur d'aujourd'hui, d'autres sont d'une étonnante proximité – l'insolence du *Canard enchaîné*, les bouquinistes des quais de Seine, le carnet des naissances du *Figaro*, les prix Fémina et Goncourt, les ventes Drouot ou encore les problèmes de circulation dans les rues de la capitale.

Au fils des ans, plusieurs publications lui commandèrent de nouveaux articles, dont beaucoup consacrés à sa vision de la France. Ceux réunis ici, traduit pour la première fois, offrent une perception très personnelle de notre pays et de ses habitants

---

* *Love from Nancy...*, *op. cit.*, p. 243.

entre 1949 et 1968. Ces textes qui en disent long sur la personnalité et les goûts de Nancy Mitford dressent le portrait d'une femme qui aimait les antiquités et les querelles de gens de lettres, le Tour de France et Christian Dior – et pas nécessairement dans cet ordre. À l'inverse, elle méprisait les Américains, les enfants et l'inculture. Je crois qu'au fond elle ne faisait aucune différence entre les trois.

En 1966, Nancy décida de quitter la capitale car son cher Paris, de plus en plus envahi par des cars de provinciaux et de touristes, lui était devenu méconnaissable. « Réduire le taux de mortalité infantile fut une bien mauvaise idée ! » déclarait-elle à tous ceux qui l'interrogeaient sur la question. Elle acheta une petite maison à Versailles, rue d'Artois, et s'y installa définitivement en janvier 1967.

À l'automne 1968, elle commença à souffrir d'une forme très rare de la maladie de Hodgkin. Il suffit de dire que cette pathologie est l'une des plus douloureuses pour mesurer l'étendue de son calvaire. Certains proches restent toujours convaincus que sa déchéance physique était liée au mariage de Gaston Palewski avec une femme divorcée, alors qu'il avait toujours prétendu que cela lui était impossible. Le 30 juin 1973 au matin, alors qu'elle était à l'agonie, Palewski eut soudain l'intuition qu'elle allait mourir et il se rendit aussitôt à son chevet. Nancy sourit en le reconnaissant, il lui prit la main et elle sombra alors dans le coma avant de décéder quelques heures plus tard.

Jean-Noël LIAUT.

# Le chic en Angleterre, en France et en Amérique

Je préfère décidément le mot « élégance ». Dans son pays d'origine, « chic » s'est galvaudé – « Chic alors ! », s'exclame un gosse des rues en découvrant dix francs dans le caniveau –, et le terme n'a jamais joui de beaucoup de prestige en Angleterre. Dans son *Dictionnaire des synonymes*, Roget l'associe sans distinction à « style, poseur, se pavaner et se donner des airs » ; il est vrai que le terme incarne tout ce que les Anglais détestent le plus, le désir intense d'être toujours à la dernière mode, sentiment auquel ils n'ont jamais aspiré. Car en Angleterre l'élégance est d'une nature si différente de celle des autres pays qu'il n'est guère aisé de convaincre les étrangers de son existence. (Cela concerne les femmes, naturellement. De l'avis général, les hommes anglais et les jeunes enfants, eux, sont des références absolues en matière d'habillement ; notre reine et la princesse Margaret ont, jusqu'à l'âge de dix ans, donné le ton dans le monde entier.) Cette élégance féminine se fonde sur le dédain systématique de la dernière mode et sur une assurance sans bornes.

Lorsque l'impératrice Eugénie fit une visite officielle en Angleterre, elle accompagna la reine Victoria à l'opéra. Les Londoniens poussèrent un léger soupir tandis que les deux femmes se tenaient debout dans la loge royale pendant que l'on jouait l'hymne national ; d'un côté une beauté habillée à Paris, de l'autre la petite et grassouillette Victoria, avec ses joues rougeoyantes. Puis vint pour elles le moment de s'asseoir. D'un mouvement gracieux, l'impératrice tourna la tête pour repérer son siège, mais la reine Victoria se laissa tomber sans la moindre hésitation, prouvant ainsi de manière indubitable qu'elle était d'éducation et de sang royaux. Si le fauteuil n'avait pas été à sa place, c'eût été la fin du monde et elle le savait. Fière de sa souveraine, la salle n'accorda plus la moindre attention à l'impératrice parvenue ; en Angleterre, personne ne fut surpris le moins du monde d'apprendre, peu après, la chute du Second Empire.

Plus près de nous, deux duchesses anglaises se virent interdire l'accès de la maison Christian Dior car le portier les trouva vraiment trop démodées pour les laisser entrer. En Grande-Bretagne, une duchesse n'a nullement besoin d'être élégante – on considérerait cela comme tout à fait excentrique. Je ne comprends vraiment pas pourquoi elles avaient eu l'idée de se rendre chez Dior, où elles n'auraient certainement rien commandé. Peut-être étaient-elles fatiguées après une overdose de tourisme et avaient-elles pensé qu'elles pourraient s'asseoir un moment, ayant en tête le souvenir des salons vides et calmes de M. Worth à l'époque où leurs grands-mères s'habillaient chez lui. (Du temps de leurs grands-mères, M. Worth se rendait au domicile de ses clientes, comme n'importe quel fournisseur.) Elles n'avaient sûrement pas imaginé la foule parfumée en haut des escaliers, l'atmosphère étouffante d'un salon où l'on ne pouvait jamais ouvrir une fenêtre, les jambes gainées de nylon formant un treillis hideux à travers la pièce et le match de catch auquel il fallait se livrer pour obtenir la moindre chaise. Les duchesses repartirent discrètement, et si elles ne comprirent pas vraiment ce à quoi elles avaient échappé, elles furent certainement soulagées de s'asseoir sur un banc de l'avenue Montaigne afin de regarder défiler les voitures.

Au début de ce siècle, les Anglais étaient riches et hédonistes. Les devises étrangères ne posaient pas de problème ; les femmes de la haute société achetaient tous leurs vêtements à Paris. Une fois les robes livrées, elles étaient mises à l'index pendant au moins deux ans car, à l'époque, s'habiller à la dernière mode passait pour le comble de la vulgarité. Les courtisanes et les actrices pouvaient s'afficher en portant les nouveaux modèles, c'était parfait pour elles, il s'agissait même d'un signe de reconnaissance de leur profession, mais « l'une de nous, ma chère enfant », jamais ! Même les hommes n'auraient pu envisager de porter un nouveau costume sans qu'il eût passé une nuit ou deux dans le jardin afin d'obtenir une patine d'au moins un an d'âge.

De nos jours, cette tradition est toujours en vigueur à Londres. Les couturiers imitent servilement la mode parisienne d'il y a deux ans, tandis que les gens de la rue sont en retard d'une année supplémentaire, de sorte que pour quiconque arrivant de Paris les vêtements paraissent disparates et disproportionnés, les jupes sont trop longues ou trop courtes, les tailles trop hautes ou trop basses, et ainsi de suite. De toute façon, on ne pourrait sans mentir appliquer le mot « élégance » aux Anglaises dans la journée. Elles n'ont absolument aucune idée de ce que l'on doit porter avant la tombée de la nuit et, contrairement à ce que l'on suppose parfois, leurs tenues de sport ou de campagne sont navrantes. Elles sont taillées dans un tweed épais aussi dur que du carton, tissé dans des couleurs rappelant différentes teintes de porridge et conçu pour durer une vie entière. En ville, les Anglaises n'ont qu'une solution : une veste et une jupe étroite dotée de ce que les magazines de mode appellent « une astucieuse fente dans le dos » qui, lorsqu'elles marchent, dévoile les mollets d'une manière bien peu flatteuse.

Les femmes que l'on croise dans les rues de Londres donnent une impression générale de tristesse soignée, mais lors d'un bal ces mêmes créatures sont un enchantement pour les yeux, vous en êtes saisi d'étonnement. Le soir, elles sont tout simplement insurpassables. Avec leurs bijoux splendides étincelant sur leur peau ravissante et leur parfait naturel, vous pouvez leur infliger n'importe quelle vieille jupe de satin et un profond décolleté, personne ne leur arrivera à la cheville. Il n'y a pas de spectacle plus éblouissant qu'un bal à Buckingham Palace.

Les Françaises passent pour les femmes les plus élégantes. Mais où se cachent-elles ? Les étrangers qui visitent Paris pour la première fois sont souvent déçus car ils ne rencontrent jamais personne d'élégant. Le fait est qu'à Paris l'élégance se limite à un petit groupe de femmes que l'on voit rarement en public et jamais dans les rues. Elles pénètrent en voiture dans la cour de leur hôtel particulier, ne se montrent presque jamais dans un restaurant ou chez les grands couturiers (on leur envoie à domicile une sélection de vêtements) ; bref, il s'agit d'un acte de foi, pour le touriste ordinaire, que de croire en leur existence. Et pourtant tel est bien le cas, et leur règne est absolu dans les sphères de la mode puisque, en définitive, c'est leur goût que chacun suivra.

Les couturiers, les coiffeurs et les chefs français sont unanimement considérés comme inégalables, mais ils perdent leur coup d'œil, leur dextérité et leur talent après quelques années passées en Angleterre ou en Amérique. Pourquoi ? Parce qu'ils échappent au contrôle disciplinaire des « femmes du monde » – cette poignée de femmes riches, sans pitié et férocement énergiques qui savent ce qu'elles veulent et n'épargnent les sentiments de personne dans leur détermination à l'obtenir. Elles renvoient la robe ou le plat et exigent un nouveau shampoing jusqu'à ce que le résultat soit parfait ; alors, et seulement alors, les entend-on lâcher un « Pas mal » du bout des lèvres. Leur vigilance s'étend jusqu'au plus infime détail. Un jour, j'ai acheté un tailleur dans une boutique anglaise haut de gamme et je l'ai donné à ma couturière parisienne pour une retouche mineure. Elle m'a dit avoir été obligée de le rapporter à la maison afin d'effectuer le travail en personne car elle ne pouvait courir le risque que ses employées découvrent combien les finitions étaient médiocres. « Comment avez-vous pu l'accepter ? » ne cessait-elle de me demander. Je n'ai pas voulu lui dire que je n'avais pas inspecté les doublures, ainsi que l'aurait fait n'importe quelle Française, de sorte que je n'avais aucune idée de la façon dont les coutures avaient été exécutées.

Les Anglo-Saxons ne comprennent pas vraiment l'élégance française ni ce qu'elle représente réellement. D'une manière romantique, ils s'imaginent vaguement que n'importe quelle Française peut prendre un vieux bout de tissu, le transformer astucieusement et le porter avec chic. C'est peut-être vrai des paysannes italiennes mais ce n'est pas le cas des Parisiennes.

À Paris, s'habiller ne relève pas de l'artisanat, c'est un art, un art difficile et coûteux ; les Parisiennes ne sont pas des paysannes mais les habitantes de la ville la plus civilisée du monde. Si elles n'ont ni le temps ni les moyens financiers d'être vraiment élégantes, elles laissent tomber et se consacrent à la cuisine et à l'éducation de leurs enfants. Les Françaises n'ont aucune attirance pour des robes à la mode bon marché.

Alors que je m'apprête à aborder le cas des Américaines, je me trouve tellement désavantagée que je ferais peut-être mieux de ne pas me lancer. C'est que je ne suis jamais allée en Amérique. J'étudie le sujet, bien sûr. Je feuillette *Life*, *Time* et le *New Yorker*. Dans les cocktails, je suis pendue aux basques des Américains et j'écoute ce qu'ils se disent entre eux. Je lis leurs livres. Dans un grand nombre d'entre eux, ils semblent se comporter étrangement – mutilation des seins à l'aide d'un sécateur et autres choses du même genre – mais pas plus étrangement, au fond, que ne le font les personnages anglais des *Hauts de Hurlevent*. À mes yeux, l'Amérique est une étoile géante observée à travers un télescope, et je ne sais si elle existe vraiment ou si sa lumière me parvient à travers les siècles (futurs, cela va sans dire).

Puisque je m'aventure donc à évoquer l'élégance américaine telle que je l'ai observée à travers mon télescope durant de longues et nombreuses nuits d'insomnie, je dirais qu'il s'agit de l'élégance de l'adolescence. Les *bobby-soxers**, les teenagers, qui semblent faire très jeunes ce que nous appelons « les débuts dans le monde », sont merveilleusement habillées. Il y a plus d'un écho parisien dans leurs vêtements simples et impeccables ; les jupes ont la longueur idéale, la taille est à la bonne place et le tout est discret, ce qui est parfait pour leur âge. Cependant, j'imagine qu'il ne vaut mieux pas inspecter les doublures et les coutures. Ces jeunes Américaines ne veulent nullement d'une seule robe de qualité pour toute la saison ; elles préfèrent en acheter beaucoup à bas prix et les jeter après les avoir portées deux ou trois fois. Tandis que je regarde dans mon télescope, j'aperçois un ravissant troupeau de petites filles radieuses dans d'exquises robes de poupée ; elles respirent la propreté et l'éclat avec leurs dents régulières, bien que trop grandes, leur silhouette parfaite et leur teint de porcelaine. Je vois également une foule de dames en tenue de canasta, elles sont impeccables, pas un cheveu bleu ne dépasse. Mais qu'en est-il des âges intermédiaires ? À quel moment les vieilles petites filles deviennent-elles de jeunes vieilles dames ? Où se cachent les femmes dans la fleur de l'âge, habillées en adulte ?

---

* Adolescentes à socquettes. *(N.d.T.)*

Je crois qu'on peut résumer ainsi ce qu'incarne l'élégance dans ces trois pays : en Angleterre, les femmes sont élégantes jusqu'à l'âge de dix ans et parfaites dans les grandes occasions ; en France, quelques femmes seulement sont toujours parfaitement élégantes ; en Amérique, la plupart des femmes ont de l'allure et sont impeccables, mais elles privilégient trop l'immaturité pour être vraiment élégantes. Quoi qu'il en soit, on ne fait rien de mieux dans ce domaine que la Sud-Américaine habillée à Paris.

# Chroniques parisiennes
(1949-1953)

*Décembre 1949.*

« C'était une nuance d'orange caramélisé parfaitement divine... »

Si vous ne vous attendiez pas à entendre ces mots rue de Rivoli, eh bien vous aviez tort car depuis que les Américains sont tous repartis chez eux à la recherche d'un chauffage central, il s'agit à nouveau d'une rue on ne peut plus anglaise où je croise de nombreux compatriotes en train de se demander s'ils peuvent s'offrir ses articles parfaitement divins.

Au Louvre – le magasin, pas le musée –, Noël déploie tous ses fastes mécanisés. Chaque vitrine présente un spectacle de marionnettes et l'on entend *L'Internationale*, *Douce Nuit* et d'autres airs de Noël du monde entier. Ces flots de musique vous rendent sentimental.

En poursuivant son chemin on traverse le Palais-Royal et, après être passé devant ses boutiques sinistres où s'entassent jades brisés, dentelles déchirées et médailles ternies – rien de tentant –, on arrive chez le célèbre Paul Morihien, qui tient à la fois une librairie et une galerie d'art. M. Jean Cocteau et tous les intellectuels de Paris sont des habitués du lieu.

Comme toujours, nous avons le choix entre plusieurs expositions célébrant un centenaire quelconque, toutes de valeur inégale – en ce moment, nous avons droit à Goethe, Chopin et aux cent ans du béton armé. Mais aucune de ces commémorations n'a plus attiré l'attention que le quatre-vingtième anniversaire de M. André Gide, et aucune exposition n'a connu un aussi grand succès que celle organisée pour l'occasion. Les gens s'y précipitent. On croise à la bibliothèque Sainte-Geneviève, où elle se déroule, bon nombre d'étudiants qui affichent un air sérieux. Ils font la queue devant chaque vitrine en attendant de pouvoir en examiner le contenu.

On peut y découvrir les reliques de ses nombreuses amitiés ; elles concernent parfois des personnages quasiment historiques comme Oscar Wilde, Francis Jammes, Paul Valéry ou Charles-Louis Philippe. Une vitrine entière est consacrée à la correspondance entre M. Gide et M. Paul Claudel. Les deux géants de la littérature, qui ont presque le même âge, rivalisaient dès avant le XX^e^ siècle.

Alors que j'étais encore novice sur la scène parisienne, j'ai demandé un jour :

« S'apprécient-ils ?
– Ils s'estiment », m'a-t-il été répondu.

On raconte que si M. Gide était favorable à la publication de ces lettres, il subsistait des doutes quant au consentement de M. Claudel. Lorsqu'on lui a posé la question, il a commencé par bafouiller avant de déclarer qu'il avait perdu les lettres de son ami dans le tremblement de terre de Tokyo. Quiconque étant familier des us et coutumes des écrivains français ne s'étonnera de la réponse qu'on lui aurait faite alors : « Fort heureusement, le maître garde des doubles de tout ce qu'il écrit. »

Je suis allée voir *Nina*, la nouvelle pièce de M. André Roussin, et j'ai ri à en avoir mal – ses pièces me font toujours cet effet-là. Le propos est terriblement drôle et extrêmement inconvenant. Le Français qui m'accompagnait était vraiment très choqué, et il m'a dit que les farces que l'on jouait autrefois au Palais-Royal n'avaient rien à voir avec ces nouvelles productions à connotations psychologiques. Mme Popesco, qui parle français avec l'accent roumain, récite son texte à la vitesse d'une mitrailleuse. Le public parisien l'adore, de même que M. Roussin dont on joue en ce moment trois pièces à succès, les deux autres étant *La Petite Hutte* et *Les Œufs de l'autruche*.

*Nina* se déroule dans l'appartement d'un célibataire meublé dans un style désormais familier à tous ceux qui font du lèche-vitrine à Paris. On y voit des meubles en acajou aux lignes droites, sombres, cirés et tapissés de velours rouge. Des ricins en pot se détachent sur les murs, eux aussi rouges. Toutes les boutiques des décorateurs à la mode proposent dorénavant de tels intérieurs, mais je me dois d'ajouter que je n'ai jamais rien vu de semblable chez un particulier – fort heureusement car on ne peut imaginer plus hideux.

La remise du prix Fémina/Vie heureuse est toujours un événement pour les Français. Après un déjeuner rapide mais délicieux (« friandises, poularde, salade, moka ») et une délibération brève mais bruyante – on entendait tout ce qui se disait derrière les portes closes –, le jury, composé de quatorze membres, a été incapable de se mettre d'accord. La moitié a voté pour Mme Le Hardouin et son roman *La Dame de cœur*, l'autre pour M. Murciaux. La présidente, Mme Corthis, a donné sa double voix à Mme Le Hardouin.

En plus d'offrir au gagnant une immense publicité et une visibilité équivalente à notre Livre du mois, le prix est doté d'une somme de cinq mille francs en liquide. Au signal, c'est-à-dire dès sa remise, les critiques de sexe masculin se mettent à éreinter l'ouvrage. Ils ridiculisent les dames du Fémina pour ne pas avoir choisi *Le Grand Meaulnes* en 1913, et en général ils se montrent très mufles. *La Dame de cœur*, qui raconte l'histoire de deux sœurs amoureuses d'un personnage byronien qu'elles ne parviennent pas à faire rentrer dans le droit chemin, est un livre très ennuyeux et mérite tous les reproches dont il fait l'objet.

Ces prix littéraires, tout comme les sièges à l'Académie française, ne s'obtiennent jamais si les auteurs et leurs amis n'ont pas, au préalable, longuement sollicité les voix des membres. Les perdants se retrouvent dans une situation particulièrement humiliante car chacun sait qu'ils ont remué ciel et terre pour parvenir à leurs fins. « Il a raté son Fémina » est un peu l'équivalent de : « Il a raté sa licence de lettres. »

*Janvier 1950.*

Les Anglais pensent que l'on ne fête guère Noël en France où, à les en croire, seul le nouvel an compte vraiment. C'était peut-être vrai jadis, à l'époque où l'Église catholique était tombée en défaveur, et c'est peut-être toujours d'actualité au sein des familles anticléricales, mais dans l'ensemble c'est loin d'être la vérité. On voit partout des Pères Noël, des sapins (dans la plupart des foyers, même les plus pauvres) et des signes de réjouissance. Le 24 au soir, on réveillonne jusqu'à minuit, on assiste à la messe puis on refait la fête jusqu'à l'aube. À l'église, le mélange des genres en matière vestimentaire n'embarrasse personne. Les robes de bal des femmes balayent le sol, un voile de tulle leur recouvre le visage, et cela ajoute grandement au côté pittoresque de la scène dans ces immenses nefs sombres, froides et pleines à craquer.

Pour célébrer le lancement de son nouveau parfum, *Moustache*, M. Marcel Rochas a organisé une exposition de portraits d'hommes portant ladite moustache, du XVIe siècle à nos jours. Une rumeur a circulé selon laquelle il en aurait lui-même dessiné plusieurs paires, avec un bouchon de liège calciné, afin que certains tableaux puissent être accrochés avec les autres, mais je dois reconnaître que je n'en ai décelé aucune trace. L'exposition, qui comprend des œuvres de Renoir, Fragonard, du Tintoret, de Philippe de Champaigne et de Van Dyck, ainsi que des portraits de Mallarmé, Vuillard, du cardinal Richelieu, de Paul Valéry, James Joyce et Christian Bérard, se tient dans la très ravissante boutique de M. Rochas et mérite vraiment le détour.

L'autre jour, j'ai reçu le catalogue 1950 de la maison Nicolas, un caviste présent dans tout Paris. Ces catalogues sont si merveilleusement présentés et illustrés que les bibliophiles les collectionnent, et ils regorgent de tentations irrésistibles.

Le baron Philippe de Rothschild, propriétaire du vignoble Mouton Rothschild, a eu une nouvelle idée amusante pour présenter ses bouteilles. Chaque étiquette porte la mention : « Il a été tiré de cette bouteille tant d'exemplaires » et vous possédez tel ou tel numéro, comme s'il s'agissait d'une édition de luxe.

En ce moment, on parle beaucoup de la famille Rothschild car le père du baron Philippe, feu le baron Henri, a légué les cinq mille volumes de sa bibliothèque personnelle à la Bibliothèque nationale, qui en expose en ce moment une sélection. La presse française a salué cette initiative comme étant le plus merveilleux cadeau de Noël fait à ce pays depuis longtemps.

Le baron Henri avait lui-même hérité de la bibliothèque de son père, et il s'était lancé dans la bibliophilie dès l'âge de douze ans. Cet homme d'érudition et de goût n'a jamais acheté un livre incomplet ou restauré, et il avait une tendresse particulière pour les lettres autographes. Il est toujours fascinant de découvrir de vieux amis du passé grâce à leur écriture et, au cours de cette exposition, j'ai été particulièrement frappée par celle de Mme de Sévigné, brouillonne et difficile à déchiffrer. Celle de Mme de Pompadour est claire comme le jour, la main de la marquise appartient plus au XX<sup>e</sup> siècle qu'au XVIII<sup>e</sup>. L'écriture de Rabelais, elle, est aussi soignée que celle d'une gouvernante.

Le prix Goncourt a été décerné à M. Robert Merle pour son roman sur Dunkerque, *Week-End à Zuydcoote*, un livre qui me semble de tout premier ordre*. Sa prose n'est pas sans rappeler celle de Mr Evelyn Waugh, mais son histoire est bien plus terrible que tout ce qu'a pu écrire Mr Waugh, et ses personnages sont plus attachants. Cependant, tous deux ont ce même don de mettre le doigt, très précisément et immanquablement, là où cela fait mal. *Week-End à Zuydcoote* devrait remporter un grand succès auprès des lecteurs anglais. L'ouvrage regorge de plaisanteries charmantes et il est très drôle en ce qui concerne mes compatriotes. C'est exactement ce qu'ils apprécient, un ton moqueur mais affectueux.

Je n'ai vu qu'une seule pièce le mois dernier, *Le Petit Café*. Elle est idéale pour ceux qui veulent s'amuser sans être choqués ou déconcertés. Le texte est écrit en un français quelque peu rouillé. L'humour est du plus pur 1911, vraiment très drôle. Les acteurs ne sont pas assez célèbres pour se permettre de tourner le dos au public et de marmonner leurs répliques à la vitesse de l'éclair, ainsi que toutes les grandes stars ont trop tendance à le faire à Paris. Le décor et les robes de Balmain sont ravissants, et l'histoire crépite du début à la fin, amusante sans trop virer à la farce.

---

* Le premier roman de Robert Merle (Gallimard, 1949) raconte l'histoire d'un soldat français qui tente d'embarquer avec des Anglais lors de la débâcle de juin 1940 à Dunkerque. L'œuvre sera portée à l'écran en 1964 par Henri Verneuil. *(N.d.T.)*

Tristan Bernard, l'auteur de la pièce, est mort l'année dernière. Il était célèbre pour son esprit.

Après la Libération, un ami en visite lui avait dit :

« J'ai bien peur qu'il ne s'agisse que d'un entracte entre deux guerres.

– Eh bien, lui avait répondu le dramaturge, quoi qu'il en soit nous pouvons aller au buffet. »

*Février 1950.*

Un Anglais qui a vécu à Paris m'écrit : « Rien ne change-t-il donc jamais ? La maison Nicolas, un paragraphe sur Tristan Bernard... je m'attendais à un monde nouveau, à défaut du meilleur des mondes, et me voici replongé vingt ans en arrière. » Eh bien je connais moi-même Paris depuis plus de vingt ans et je n'y vois aucun changement notable. Les bouquinistes sur les quais de la Seine ; les ânes aux jardins des Tuileries ; les caracos en dentelle, dans la boutique à l'angle de la rue Duphot, qui me faisaient déjà envie lorsque j'étais enfant mais me semblent toujours aussi inaccessibles, comme sortis d'un rêve ; le vitrier, qui parcourt les rues avec une lourde vitre sur le dos et dont le cri cadencé s'évanouit brusquement dans l'air ; le salon de Mme Bousquet*

---

* Rédactrice en chef de l'édition française de *Harper's Bazaar*, Marie-Louise Bousquet (1890-1977) recevait le Tout-Paris place du Palais-Bourbon. *(N.d.T.)*

le jeudi ; les ampoules électriques roses de Larue, qui disparaissent rapidement car on ne peut hélas plus les remplacer ; le troupeau de chèvres que l'on trait sur le trottoir (« Mais comment pasteurisent-ils le lait ? » s'est exclamé un Américain, l'air horrifié) ; Georges, le barman du Ritz ; les plates-formes extérieures des bus ; les intérieurs de taxis qui, on ne peut s'empêcher de le penser, n'ont pas dû changer depuis le transport des troupes lors de la bataille de la Marne ; la voix assassine des téléphonistes quand elles disent : « Allô ! J'écoute »... Tout cela, oui, tout cela n'a pas changé, et l'on est toujours réveillé au point du jour par le fracas et les cris qui accompagnent le ramassage des poubelles.

Pour la plupart, les pièces sont toujours écrites par MM. Guitry et Bernstein. Mlle Printemps et M. Jouvet sont toujours d'attaque. Mme Colette et M. Cocteau sont toujours les plus prometteurs des jeunes écrivains, et l'autre jour, quand on a demandé à Picasso qui étaient les nouveaux peintres, il a répondu : « Moi. »

Pour prouver combien les changements sont dérisoires, *Le Figaro* a récemment publié une pleine page consacrée à des articles et publicités remontant à une journée de janvier 1900 : Au théâtre, on répète *Le Bossu*, le nom de Guitry est sur toutes les lèvres, les Folies-Bergère, le Casino de Paris et le Nouveau Cirque font salle comble. Les réclames vantent les mérites de boutiques et de restaurants toujours aussi célèbres aujourd'hui. Le dessin satirique, signé Caran d'Ache, a pour sujet la guerre en Chine. On peut lire le compte rendu d'une violente dispute qui a eu lieu à la Chambre des députés à propos des chemins de fer. Le baron Henri de Rothschild a eu un terrible accident de voiture : son chauffeur, qui descendait l'avenue de Villiers à vive allure, n'a pas remarqué un tramway et n'a pu s'arrêter à temps ; il y a donc eu collision, mais personne n'a été blessé alors que le coupé, lui, a subi des dommages considérables... Dans mon entourage, plusieurs personnes ont lu cette page en ne réalisant nullement qu'il ne s'agissait pas de l'hiver 1950, bien que l'une d'elles ait fait observer que Caran d'Ache était mort depuis des dizaines d'années. Une autre a demandé : « Henri de Rothschild ? Veulent-ils dire Élie ? Il faut que je passe un coup de fil ! » Cela prouve combien nous lisons les journaux la tête ailleurs.

On a demandé un jour à M. André Gide qui était le plus grand poète lyrique français. Sa réponse – « Victor Hugo, hélas ! » – est devenue un classique. Dernièrement, un professeur en a fait le sujet d'un devoir et il a été passablement effrayé en découvrant que tous ses élèves avaient écrit : « Victor Hugo est l'as. » Mais après tout, ce n'est qu'une manière moderne de dire la même chose.

Je regrette vraiment la fin des entretiens, d'une durée d'un quart d'heure chacun, de

M. Gide à la radio. Il est vrai que la plupart du temps son interlocuteur faisait tous les frais de la conversation, M. Gide n'intervenant que de temps à autre pour dire « Évidemment » ou « Précisément ce que j'entendais », mais sa voix lorsqu'il prenait la parole était celle d'un génie, vraiment très impressionnante. En trente-deux émissions, il a évoqué pour nous ses livres les plus importants, sa conversion au communisme, le voyage en Russie qui l'a détourné de ce même communisme, et il est revenu sur sa conception de la vie telle qu'elle s'exprime dans *Thésée*. En ce moment, je suis plongée dans la correspondance Gide-Claudel, qui dévoile la réelle grandeur des deux hommes. Jamais un sentiment mesquin, la moindre jalousie ou susceptibilité, chacun aide et admire l'autre de grand cœur. Jusqu'à sa fin terrible, il s'agit d'un modèle d'amitié littéraire.

Ils ne communiquent plus depuis 1926, et ce qu'ils pensent désormais l'un de l'autre les caractérise parfaitement.

Gide : « Nous pouvons l'admettre, l'admirer, il se doit de nous vomir. Quant à moi, je préfère être vomi que vomir. »

Claudel : « Il y a une police nécessaire contre les empoisonneurs. »

*Mars 1950.*

Tout comme le mot « fox » veut dire ici « fox-terrier »*, le mot « gentleman » est aussitôt associé à l'expression « gentleman cambrioleur ». Le gentleman en question ne se comporte pas particulièrement en homme bien élevé ; il tue et vole comme n'importe quel autre cambrioleur, mais il porte un costume bleu, vit dans un appartement luxueux et, surtout, fréquente les bars.

L'un d'eux vient juste d'être arrêté à la sortie d'un bar de Neuilly par plusieurs policiers armés, et ce à la grande surprise de ses deux petits garçons qui étaient avec lui. En effet, il s'était accordé un après-midi de repos pour jouer au « paisible père de famille ».

*Mai 1950.*

Il y a de cela quelques semaines, *Le Figaro* annonçait, un peu à la manière des prévisions météorologiques, « une pluie d'Anglais » pour Pâques. La prophétie s'est avérée exacte. On a dit qu'ils étaient trente-cinq mille et, comme des milliers de Français avaient quitté Paris, la capitale semblait vraiment aux mains des Britanniques.

---

* En anglais, *fox* signifie « renard ». *(N.d.T.)*

Ceux que j'ai croisés avaient peut-être dû se lever trop tôt afin de pouvoir faire un maximum de choses ; à midi ils erraient, l'air hagard. « Mon Dieu, nous sommes déjà passés devant ces chapeaux il y a une demi-heure », ai-je entendu gémir quelqu'un, comme le feraient des explorateurs perdus dans la jungle en repassant devant un arbre abattu ou tout autre point de repère.

En ce moment, tous les discours politiques importants ne manquent jamais de « chanter les louanges des mères de France », et il est vrai que le zèle déployé dans le but d'augmenter le taux de natalité a déjà provoqué des résultats étourdissants. Pour y parvenir, les familles nombreuses sont aidées de toutes les manières possibles et imaginables. Elles ne font jamais la queue, bénéficient d'une aide au logement, de réductions dans tous les transports en commun et les musées, ainsi que de substantielles allocations en liquide.

Le jour de leur mariage, les jeunes couples chics se retirent dans leur propriété à la campagne et on ne les revoit plus à Paris avant qu'ils aient eu six enfants. Les Françaises sont très robustes et cela leur prend rarement plus de six ans – moins si naissent des jumeaux.

Il y a également une nouvelle mode en matière de faire-part de naissance dans *Le Figaro*. Autrefois, ils étaient ainsi rédigés : « Le duc et la duchesse de Sauveterre ont la joie d'annoncer la naissance de leur fils Sosthène. » Dorénavant, on peut lire : « Oriane, Odette, Marie-Ange, Palamède et Raimond de Sauveterre ont la joie d'annoncer la naissance de leur frère Sosthène. » Ainsi, chacun est tenu au courant de l'agrandissement de la famille Sauveterre. Peu après le baptême de Sosthène, on retire les draps qui recouvraient le mobilier de l'hôtel Sauveterre, rue du Bac, on remet tout à neuf, la duchesse se dépouille de ses vêtements de campagne pour renouer avec le dernier cri, et désormais aucun événement mondain ne saurait être réussi sans la présence de ce couple chanceux.

On vient juste de rééditer *Saint-Germain-des-Prés, mon Village* de Léo Larguier*. Il s'agit d'un guide du sixième arrondissement plein de digressions érudites et d'anecdotes charmantes. M. Larguier pense que si toute l'Europe venait à être détruite à l'exception de la portion de la rue Bonaparte qui va de Saint-Germain-des-Prés à la Seine, eh bien il serait possible de reconstruire notre civilisation grâce aux antiquaires de cette rue fascinante et à la bibliothèque de l'École des Beaux-Arts.

Ce matin, j'ai longé la rue Bonaparte. On y voit en effet une diversité étonnante d'objets dans les

* Le livre avait paru chez Plon en 1938. *(N.d.T.)*

vitrines. Elles proposent non seulement de ravissants meubles français, de l'argenterie, des tapisseries, des tableaux et des terres cuites, mais également des statues antiques, des madones espagnoles, des gravures italiennes, des émaux byzantins, une paire de chaises Chippendale et la traduction française de l'œuvre de Sir Walter Scott.

La rue elle-même offre une tranche de vie typiquement parisienne. Les très riches y cohabitent avec les très pauvres dans des demeures du XVIII^e^ siècle, et il y règne une agitation totalement absente des quartiers construits seulement pour les gens fortunés. J'ai vécu ici quelque temps dans la maison de Bastide, le tailleur de Napoléon, et la rue Bonaparte reste ma préférée à Paris.

*Juin 1950.*

Une campagne en faveur de la politesse bat son plein en ce moment, et l'événement n'est peut-être pas sans rapport avec le dollar et le tourisme. Nous profitons donc d'une « quinzaine de l'amabilité ». Elle a été lancée à la radio par un « Mes hommages, Mesdames, Mesdemoiselles, Messieurs » au lieu du traditionnel « Bonjour ». « Une vague de courtoisie, a annoncé le présentateur, s'apprête à déferler sur la France. »

J'ai toujours pensé que les Français étaient très polis ; ils le sont à mon égard, c'est certain, et je ne parle que de ce que je connais, mais parfois les Anglais se plaignent. Le fait est que les Français peuvent aussi se montrer violemment grossiers pour une raison ou une autre. Leur capacité à deviner ce qui va irriter telle ou telle personne en particulier donne la chair de poule.

Peut-être pensent-ils que les Britanniques sont censés être mal élevés car les écoles de savoir-vivre qui caractérisent nos deux pays, chacune excellente à sa manière, sont aux antipodes, ce qui est peu dire. En Angleterre, la politesse ne répond à aucune méthode particulière, elle découle naturellement d'une éducation réussie et d'une bonté de cœur. À l'inverse, l'école française a été créée à Versailles par Louis XIV, l'un des hommes les plus polis qui aient jamais existé, si poli qu'il ne croisait jamais la plus humble servante sans s'incliner bien bas ou la plus pauvre des paysannes sans balayer le sol de son chapeau.

En France, les bonnes manières sont donc des manières de cour ritualisées par des privilégiés dans le but de souligner le fait que chaque être humain occupe sa propre place respectable dans la société.

En France, lorsque vous tombez sur une connaissance, vous devez la saluer en lui serrant la main. Si vous la recroisez au cours de la même journée, le processus est identique, et ce quel que soit le nombre de fois. Au lycée, les élèves se serrent tous la main deux fois par jour, et les députés, tandis qu'ils arpentent en tous sens les couloirs du Palais-Bourbon, se serrent la main à chaque nouvelle rencontre en se disant « Re » pour « Rebonjour ».

C'est décidément la saison des « quinzaines ». *Le Canard enchaîné* a lancé une « quinzaine de la muflerie » en déclarant que « Dieu merci, la quinzaine de l'amabilité c'était roucouler pour mieux sauter ».

Un jury d'écrivains présidé par Mme Colette s'est réuni l'autre jour afin de choisir les douze meilleurs romans publiés au cours de cette première moitié du XX$^{e}$ siècle. Les textes retenus seront réédités en édition de luxe. Le jury se composait des anciens présidents du Conseil Albert Sarraut et Édouard Herriot, du professeur Henri Mondor, de MM. Marcel Pagnol, Francis Carco, Jacques Jaujard, Jean Paulhan, Paul Guth et Julien Cain – à savoir des personnalités dont l'opinion a beaucoup de poids. Leur sélection est la suivante : *Fermina Márquez* de Valéry Larbaud, *Les dieux ont soif* d'Anatole France, *La Colline inspirée* de Maurice Barrès, *Un amour de Swann* de Marcel Proust, *Confession de minuit* de Georges Duhamel, *Silbermann* de Jacques de Lacretelle, *Les Faux-Monnayeurs* d'André Gide,

*La Condition humaine* d'André Malraux, *Journal d'un curé de campagne* de Georges Bernanos, *La Nausée* de Jean-Paul Sartre, *La Douceur de la vie* de Jules Romains et *Thérèse Desqueyroux* de François Mauriac.

Mme Colette ayant refusé de soumettre ses propres livres, le jury a ajouté une clause précisant que *La Vagabonde* devait quand même figurer au nombre des douze meilleurs romans.

Il va sans dire qu'en ce moment cette liste alimente toutes les conversations. Et pourquoi pas *Le Grand Meaulnes* ? Et pourquoi *Les Faux-Monnayeurs* plutôt que *Les Caves du Vatican* ? C'est sans fin, mais chacun semble penser que cette sélection est honorable et « admissible ».

L'autre jour, dans une petite ville de province, un ami à moi a vu dix photographies de personnalités du XIX$^{e}$ siècle dans la vitrine de la librairie local. Un écriteau proposait un stylo plume à quiconque en identifierait au moins six.

Mon ami est entré et a dit : « Il s'agit de dix portraits de Victor Hugo. » On lui a remis son cadeau sans plus attendre. Le propriétaire l'a félicité mais l'a supplié, au cas où il séjournerait en cette ville, de ne pas divulguer le secret aux gens du coin.

Alors qu'un journaliste de radio lui demandait si un don juan pouvait rendre une femme heureuse, Mme Colette a répondu : « C'est possible, mais seulement si elle est très stupide ou prodigieusement intelligente. »

*Juillet 1950.*

La plupart des réjouissances sont des fêtes populaires, c'est bien là le grand charme de la saison parisienne. Elles se déroulent en plein air et sont ouvertes à tous, on peut y prendre part sans débourser un centime. Cela remonte à une tradition ancienne. À Versailles, du temps des rois, chacun pouvait assister aux festivités, même aux bals, à condition de porter le costume adéquat et de disposer d'un attelage. Quant au parc, il était toujours ouvert au public.

Je n'ai jamais vu la capitale aussi joyeuse qu'au cours du mois de juin qui vient de s'écouler. L'espace d'une semaine, la place Vendôme, qui célébrait son deux cent cinquantième anniversaire, a été habillée de velours rouge. Ce tissu hors de prix dissimulait tant bien que mal la colonne, qui est un désastre, et le décor rappelait l'époque de Mansard et de Louis XIV. Les vitrines des boutiques évoquaient toutes le XVII^e^ siècle avec goût, et chaque soir jouait un orchestre. Les gens dansaient, il y avait des concours d'élégance, des concerts, des ballets. Le dernier jour, la belle et érudite marquise de La Moussaye a donné une conférence sur l'histoire de la place devant un auditoire nombreux, intervention émaillée d'anecdotes fascinantes.

Pendant ce temps, Saint-Germain-des-Prés honorait la mémoire de Balzac à l'occasion du centenaire de sa mort. Son existence fut liée à ce quartier de bien des manières, il avait d'ailleurs son imprimerie rue Visconti. Toutes les vitrines des magasins du boulevard Saint-Germain et des rues avoisinantes avaient été décorées dans l'esprit souhaité par les étudiants des Beaux-Arts. Balzac lui-même, hanté par sa muse ou ses créanciers, y apparaissait à diverses reprises, tandis que d'autres devantures mettaient en scène des passages de ses romans. Toutes étaient merveilleusement imaginatives.

Je me suis promenée au hasard, intéressée et amusée, pendant deux soirées entières, et j'ai décerné un premier prix à la vitrine où des chouans grandeur nature interrogeaient un paysan dans une cour de la rue des Saint-Pères – scène d'autant plus terrifiante qu'elle était éclairée dans la nuit. J'ai aussi découvert *Le Lys dans la vallée* chez un fleuriste – nuage de lys et de tulle blanc –, une momie portant la mention « Ainsi s'achève *La Comédie humaine* », plusieurs vitrines où le cousin Pons se tenait au milieu de ses bibelots et puis, dans une librairie, des personnages balzaciens avec des visages contemporains, tous correspondant à leur statut : Picasso en peintre Bridau ; Simone de Beauvoir en Félicité des Touches, femme de lettres ; Ponchardier, le héros de la Résistance, en marquis de Montauran dans *Les Chouans* ; André Breton en alchimiste Claës, et ainsi de suite.

Oh ! comme j'aime Paris au mois de juillet ! Pendant trois jours, les 13, 14 et 15, la population danse dans les rues avant un exode massif en bord de mer et à la montagne. Je passe les longues soirées chaudes dans la cour, dont je dispose entièrement puisque tous les autres appartements sont vides. Après le dîner, on n'entend plus que le gazouillis des moineaux. Je lève les yeux de mon livre et constate que les moineaux ont laissé place à des chauves-souris. Puis il fait trop sombre pour lire. Je n'ai plus rien d'autre au-dessus de la tête que des étoiles, et jusque tard dans la nuit Marie et la concierge n'en finissent plus d'échanger des potins en marmonnant, assises sur les marches de la loge.

En ville, de nombreux magasins sont fermés – « Réouverture le 1er septembre » –, on trouve toujours de la place dans les bus, et il n'y a plus d'heures de pointe car il ne reste plus personne pour pointer. La circulation se limite généralement à des voitures de sport anglaises, cabriolets remplis de jeunes Britanniques et de filles « coiffées à la princesse Élisabeth », à savoir un foulard noué sous le menton.

Une fois par jour, de petites foules se forment à l'heure des quotidiens du soir. Elles encerclent les marchands de journaux puis se dispersent.

Chacun s'éloigne en lisant. « Les pauvres, ils s'inquiètent à propos de la Corée », m'a fait remarquer un ami anglais. J'ai lu quelque part que les journalistes britanniques trouvaient les Français très contrariés par la situation internationale. Mais je sais, moi, ce qui occupe vraiment leur esprit car je partage leur passion, une passion que, soit dit en passant, je n'ai jamais pu partager avec mes compatriotes : le Tour.

Guermantes, chroniqueur du *Figaro*, a déclaré à juste titre : « Le Tour de France est un fleuve d'oubli. » Alors, comme toute la nation française, je nage chaque été dans ce fleuve d'oubli pendant trois semaines. Autant que je m'en souvienne, le Tour de France le plus excitant remonte à 1948, lorsque Louison Bobet, mon héros et l'idole des Français, avait déclaré forfait pour cause de furoncles*. Il avait pourtant dominé la compétition jour après jour dans un climat palpitant ; il avait affronté le « supplice des montagnes » et remporté une « folle étape dans le mistral ». Pendant tout ce temps, nous savions que ses furoncles le faisaient de plus en plus souffrir, et il avait dû abandonner, un matin de sinistre mémoire. « Son moral s'est effondré », avions-nous lu alors, et le maillot jaune était allé à un autre. « Il faut s'incliner devant cet homme-là », avais-je

---

* Nancy Mitford se trompe : c'est en 1947 et 1949 que Louison Bobet a déclaré forfait. Il a remporté le Tour de France en 1953, 1954 et 1955. *(N.d.T.)*

entendu aux actualités du soir, un verdict auquel j'avais adhéré avec ferveur.

J'ai rencontré un jeune sculpteur anglais qui vit à Paris. « Pouvons-nous parler de la sculpture française du XVIIIe ? », lui ai-je demandé en pensant que nous aurions une discussion charmante sur un thème qui me fascine. Il m'a répondu qu'il ignorait jusqu'à son existence. Je me suis sentie fermement remise à ma place, mais un ami commun m'a assuré que cet artiste n'avait nullement eu l'intention d'être sarcastique.

« Cela n'évoque vraiment rien pour lui.

– C'est absurde, ai-je rétorqué. On ne peut marcher dans Paris sans se renseigner sur le sujet. Que faites-vous des chevaux de Coustou, des Pégase de Coysevox ou de la fontaine de Bouchardon ?

– Mais il ne sort jamais et reste chez lui toute la journée à inventer des formes. »

L'exposition consacrée à Louis XV et au style Rocaille à l'Orangerie présente bien des sculptures magnifiques, merveilleusement mises en valeur au beau milieu de meubles, de tableaux et de tapisseries de la même époque. Grâce au génie de Saint-Simon, nous connaissons intimement la plupart des personnalités dont les portraits ont été retenus ; le Régent, le cardinal Dubois, le chancelier du Ponchartrain, le duc d'Harcourt et la duchesse de Bourgogne ont vécu et respiré sous nos yeux dans ses pages. Voilà qu'ils revivent et respirent de nouveau en ces murs. Ils ont tous l'air singulièrement heureux et bien nourris, et donnent l'impression que rien de bien terrible ne pourra jamais leur arriver jusqu'à ce qu'ils soient emportés par une apoplexie fatale. « Racontez, duchesse », a demandé le Régent avant de tomber raide mort aux pieds d'une ravissante petite commère au moment même où elle ouvrait la bouche afin de lui révéler un nouveau scandale.

À Paris, les antiquaires jouent un rôle bien plus important qu'à Londres dans la vie des gens normalement cultivés, et ceux qui en ont les moyens collectionnent avec passion. L'autre jour, j'ai rendu visite à un ami qui recherche du mobilier XVIIIe. Il y avait dans son salon un bureau Louis XVI et il m'a dit qu'un antiquaire le lui avait prêté le temps qu'il se décide à l'acheter. À peine avais-je eu le loisir de l'admirer qu'un autre antiquaire faisait son apparition avec des chandeliers de Gouthière. Il va sans dire que son regard a été immédiatement attiré par le bureau. Quand l'homme a appris que le meuble était à l'essai dans la pièce, il a commencé à le critiquer point par point : « L'or moulu n'est probablement pas d'origine. »

Après cette douche froide, il s'est éclipsé. C'est alors qu'est arrivé l'un de ses confrères, très célèbre. Il a été également contrarié en apprenant qu'il s'agissait d'un prêt fait par un rival mais sa réaction a été, à mon sens, bien plus intelligente. Il a longuement observé le bureau avant de déclarer : « Ah ! oui, c'est une beauté. Mais laissez-moi vous donner un conseil : ne vous pressez pas. » Cela a marché à merveille puisque mon ami hésite toujours.

*Septembre 1950.*

Les visites guidées de M. Jacques de La Garde permettent de passer un après-midi délicieux dans Paris. Il vous ouvre les portes de maisons ravissantes mais en général inaccessibles, comme l'ambassade de Grande-Bretagne, l'hôtel de la Monnaie et le ministère de la Marine, ou encore l'un de ces hôtels particuliers du Marais, jadis magnifiques et qui aujourd'hui s'écroulent, où vivent les plus pauvres d'entre les pauvres – les veinards – sous des plafonds Louis XIV qui n'ont jamais été restaurés.

M. de La Garde fait un bref historique, puis son public est lâché dans la maison dont les locataires, tels des civils confrontés à une bataille, n'en continuent pas moins de vaquer à leurs tâches quotidiennes, parfaitement indifférents à votre présence. On entend la fraise du dentiste, l'imprimeur imprime, le ministre dirige son ministère et l'ambassadeur s'acquitte de sa mission, la ménagère cuisine et son époux lit

*L'Humanité* sans accorder le moindre regard à ce grouillement de touristes.

Il est bien plus amusant de visiter ces demeures pleines de vie que de se rendre dans un austère musée.

En ce moment, le lundi et le vendredi, Mme Colette évoque sa vie et son œuvre à la radio. Elle est bien plus sévère à l'égard de son interlocuteur que ne l'avait été M. Gide avec le sien.

« Non, je n'en parlerai pas, a-t-elle lancé alors qu'il essayait de l'interroger sur l'injustice avec laquelle la traitait Willy, son premier mari. Et de toute façon, il y a si longtemps de cela ! »

– Pourquoi n'avez-vous pas quitté Willy ?

– À l'époque, une fille sans le sou n'avait pas le choix. "Où la chèvre est attachée, il faut qu'elle broute." »

Willy n'avait rien d'un époux modèle, et il n'était pas correct de sa part de prétendre avoir été l'auteur des livres écrits par sa femme, mais il est certain que Mme Colette considère que leur union a joué un rôle essentiel dans son apprentissage et, ne serait-ce que pour cette seule raison, elle lui a pardonné depuis longtemps.

L'autre jour, on lui a demandé quel était de tous ses livres son préféré. « J'aime bien mon petit *Chéri* », a-t-elle répondu.

Dernièrement, je suis passée dans l'après-midi devant la Comédie-Française et j'ai vu qu'une représentation de *Phèdre* était en cours. Je n'ai pu résister et je suis entrée. Pour mon bonheur, on m'a annoncé au guichet qu'il restait une place pour cause d'annulation. Le premier acte était déjà commencé :

*Juste ciel ! Tout mon sang dans mes veines se glace !*
*Ô désespoir ! Ô Crime ! Ô déplorable race !*

Lorsque le rideau est tombé sur le désespoir, le crime et cette déplorable race, et qu'on a rallumé les lumières dans la salle, j'ai été très surprise de me retrouver au beau milieu d'enfants, pour la plupart très jeunes.

« Bien sûr ! m'a dit un ami français. C'était un jeudi, la matinée classique. Ne saviez-vous pas que les enfants des Parisiens aisés sont tous abonnés au Français pour le jeudi après-midi ? J'ai vu *Phèdre* pour la première fois à l'âge de douze ans. Je me souviens que le siège voisin était vide parce que les parents de la ravissante petite fille qui l'occupait en général lui avait interdit de voir cette tragédie. C'est ainsi que la semaine suivante j'ai dû lui raconter l'histoire de *Phèdre* en chuchotant pendant toute une représentation du *Tartuffe*.

– Mais pouviez-vous apprécier Racine, si jeune ?

– On apprécie toujours ce qui se monte au Français. Nous avions droit à deux pièces et à une conférence, c'était pendant 14-18, et à l'entracte un homme avec une guitare venait nous interpréter une chanson en faveur de l'emprunt de guerre :

*Il faut vider vos poches*
*Pour battre les Boches.*
*Donner son argent*
*C'est du cent pour sang.*

» Hélas ! a-t-il conclu, je connaissais par cœur les pièces de Racine, mais j'ai tout oublié sauf le "cent pour sang". »

Il y a en ce moment trois expositions à la Bibliothèque nationale : cent cinquante dessins – tous des chefs-d'œuvre – de l'Albertina de Vienne, célébration du centenaire de la naissance de Pierre Loti et cinquantième anniversaire des *Cahiers de la quinzaine* de Péguy.

Il se trouve que Pierre Loti a été le premier écrivain français dont j'ai entendu parler. Lorsque j'étais enfant, il a séjourné chez mon grand-père dans le Gloucestershire ; par la suite, il est devenu une légende au sein de notre famille. Mon père, qui n'appréciait que modérément les intellectuels étrangers – c'est le moins que l'on puisse dire –, nous racontait que « ce type portait des souliers à talons rouges et pensait être la réincarnation de Ramsès II ». Cela semblait délicieusement exotique ; c'est pourquoi, plus âgée, j'ai lu les œuvres de Pierre Loti.

*Octobre 1950.*

Quelle vie terrible que celle de la concierge parisienne ! Depuis la création des congés payés, chaque Parisien ou presque va passer un mois, l'été, au bord de la mer ou à la montagne. Si cette femme du monde qui, en 1914, s'était exclamée : « Mais ils ne peuvent déclarer la guerre ! Paris est presque vide ! » avait refait la remarque en août 1950, elle aurait dit la stricte vérité.

Mais la pauvre concierge, elle, est obligée de rester. Elle peut à peine remonter la rue jusqu'à la boulangerie car elle doit veiller nuit et jour sur la Porte, bien plus astreignante encore qu'un bébé. Dans un immeuble où les allées et venues sont parfaitement contrôlées, personne ne doit entrer ou sortir sans avoir reçu l'approbation d'une de ces concierges. Il n'est donc guère surprenant qu'elles forment une espèce à part. Elles sont désagréables et souvent à la limite de la folie. Mais ces femmes se vengent de leur esclavage en exerçant un pouvoir immense sur les locataires. Les dossiers de la police sont pour l'essentiel nourris de leurs rapports, et elles peuvent rendre la vie difficile de mille et une manières à quiconque dès lors qu'elles voient cette personne d'un mauvais œil.

C'est pourquoi on tente de se concilier leurs bonnes grâces par de petites offrandes de temps à autre, tout comme le faisaient, du moins le dit-on, les paysans avec les fées. Il s'agit de leur donner non seulement une enveloppe à Noël et à d'autres époques de l'année mais aussi un peu de nourriture, entre autres quelques grains de café. J'ai réussi à me faire une alliée de la mienne en lui rapportant de Londres de quoi guérir son chat de la gale. Une concierge amicale contribue merveilleusement aux agréments de la vie, et quiconque ayant vécu dans un immeuble où tel est le cas ne pourrait volontiers se passer de ses services. Personnellement, je crois qu'un démon est encore préférable à une loge vide.

*Novembre 1950.*

Faut-il désormais classer monument historique certaines demeures Art nouveau construites en 1900 ? En ce moment, la controverse fait rage. L'immeuble incroyable de l'avenue Rapp dont la façade ruisselle de végétaux en décomposition est particulièrement visé. Lorsqu'on lui a demandé son avis sur la question, M. Perret, l'architecte, a répondu qu'il devait assurément « être classé monument hystérique ».

Je me souviens bien de la première fois où j'ai vu *L'Aiglon*. Mes sœurs m'accompagnaient et nous étions à cet âge de la vie où tout n'est que rires ou larmes sans état intermédiaire ; par ailleurs, nous étions amoureuse de Napoléon. À la première toux sèche, nos larmes se sont mises à couler, et très vite nous avons pleuré avec tant de force, sans nous retenir le moins du monde, que cela a fini par agacer quelque peu nos voisins.

Voilà cinquante ans que *L'Aiglon* a été créé au théâtre Sarah-Bernhardt, avec Sarah en personne dans le rôle titre tandis que Lucien Guitry interprétait Flambeau. Afin de commémorer cet anniversaire, ce même théâtre a été redécoré pour la reprise de la pièce. Mlle Jamois et M. Weber l'interprètent à tour de rôle un soir sur deux – *L'Aiglon à deux têtes**.

Mlle Jamois, qui a été un Lorenzaccio de premier ordre, s'en tire plutôt bien, mais elle a l'air en pleine forme et ne tousse pas assez – bien moins, en tout cas, que divers spectateurs dans la salle. D'un autre côté, les critiques reprochent à M. Weber de tousser plus que la Dame aux camélias et de mourir « en vaudeville ».

*Septembre 1951.*

« Les Français déplorent sans cesse l'humeur belliqueuse des Allemands, m'a fait remarquer un Américain, mais à Paris toutes les stations de métro portent le nom d'une victoire française sur l'Allemagne. »

Et il a commencé à les énumérer :

« Iéna, Wagram, Austerlitz, Oberkampf...

---

* Allusion à *L'Aigle à deux têtes* de Jean Cocteau. *(N.d.T.)*

– Je vous arrête ! ai-je dit. Oberkampf était un marchand de tissus, il vivait à Jouy-en-Josas et a inventé la toile de Jouy. »

Un Français présent a conclu d'un ton plutôt contrarié :

« Au fond il n'y a que les étrangères qui connaissent les personnages du métro. »

*Novembre 1951.*

L'hôtel Drouot a célébré son centenaire en organisant une exposition. Elle regroupait des dessins et gravures dispersées jadis, des catalogues de ventes aussi prestigieuses que celle du duc d'Aumont et des affiches, dont celle annonçant la vente du collier de perle de Mme Thiers. Cette dernière, que sa fortune considérable n'empêchait nullement de compter le moindre centime lorsqu'elle était à l'Élysée, avait légué ledit collier à la France. Il fut un temps exposé au Louvre, dans la Galerie d'Apollon, où nous pouvons toujours voir le Régent, le rubis d'Anne de Bretagne et le Saint-Esprit de Louis XV. Toutefois, comme des perles s'altèrent dans un musée, on a pensé qu'il était préférable de les vendre et une partie du collier de Mme Thiers est aujourd'hui portée par la princesse Troubetskoï.

On peut tout vendre à l'hôtel Drouot, sauf des lions et des tigres vivants. Une forêt d'arbres nains, le cerveau de Voltaire – oublié par erreur dans une commode et disparu avec le contenu du meuble –, cinquante statues de cire grandeur nature représentant des femmes portant des uniformes de vétérans de la guerre de Crimée, trente guillotines et le corps pétrifié d'un homme y ont été mis aux enchères en l'espace d'un siècle.

*Décembre 1951.*

Un membre de la délégation française de l'ONU, que je n'avais pas vu depuis un certain temps, m'a téléphoné de son bureau. « Venez déjeuner », lui ai-je proposé, mais il a répondu d'un ton sinistre qu'il ne disposait que de deux heures et qu'il lui fallait dix minutes pour arriver chez moi. L'idée d'avaler son repas en l'espace de seulement cent minutes lui faisait visiblement horreur, il m'a donc proposé de le retrouver à Passy.

Il y a tellement de portes d'entrée à l'ONU que, pour ne pas perdre des minutes précieuses à nous chercher, nous avons décidé qu'il était préférable de nous donner rendez-vous au musée de l'Homme, devant cette vitrine lugubre où est exposé le « squelette anglais ». (L'ossature anglaise doit avoir un je-ne-sais-quoi d'immédiatement identifiable. Je m'habille à Paris de la tête aux pieds et pourtant ma nationalité ne fait aucun doute aux yeux des Français. « Sorriiie », me dit-on toujours quand on me bouscule dans une foule.)

Nous nous sommes retrouvés à 13 heures précises et avons couru jusqu'à un bistrot voisin où nous nous sommes joyeusement empiffrés jusqu'à 14 h 57. « Eh bien, a-t-il constaté, nous avons tout juste eu le temps de terminer. »

Puis je l'ai accompagné à l'une des réunions. J'ai trouvé que l'atmosphère qui régnait dans cette immense hutte Nissen était pour le moins inattendue – je parle de l'atmosphère intellectuelle car l'air qu'on y respire est d'aussi mauvaise qualité que la nourriture en conserve. Mais le climat moral y est d'une bonté profonde. Malheureusement, comme le savent tous les romanciers, rien n'est plus ennuyeux que la bonté.

*Février 1952.*

Me voici de retour parmi ces Français intelligents et colériques, et la désormais célèbre querelle qui oppose Jean Cocteau à François Mauriac bat son plein. Mauriac a lancé les hostilités en publiant une lettre ouverte à Cocteau dans *Le Figaro littéraire*. Il lui explique pourquoi il n'est pas resté jusqu'au bout de *Bacchus*, sa nouvelle pièce, et lui reproche les blasphèmes qui émaillent le texte avant de se livrer à une analyse très déplaisante de la personnalité de son ami : « Ta dureté est celle de l'insecte. »

Cocteau, qui est âgé de soixante-deux ans mais pense en avoir vingt-huit pour l'éternité, en a été considérablement irrité. Il a plongé sa plume dans le venin et a répliqué en utilisant la bonne vieille formule – *J'accuse* : « Je t'accuse d'inculture. » Un Français ne peut rien dire de pire à un compatriote.

La première de *L'Échange*, pièce de Claudel que l'on remonte au théâtre Marigny, a été égayée par la chute d'un homme. Il est tombé de sa loge avec fracas, ce qui a enchanté le public : « Enfin de l'action ! » Un médecin s'est précipité mais l'homme, qui s'était simplement endormi sur son siège, s'est relevé indemne et la représentation a pu reprendre. Les Français respectent profondément Claudel – « C'est beau ! » – mais il ne leur viendrait jamais à l'idée de prétendre que ses pièces sont rien moins que difficiles et indigestes.

Je passe tous les jours devant un immeuble qui porte cette plaque :

*Mme Antonia*
*G^de^ Célébrité*
*2^e^ porte à gauche*
*Jamais absente*

J'ai très envie de savoir pourquoi cette dame est si incroyablement célèbre mais je n'ai encore jamais eu le courage d'essayer la « 2^e^ porte à gauche ».

*Mars 1952.*

Le nouveau numéro du *Crapouillot* – extrêmement divertissant, comme toujours – s'intitule « La farce des services secrets ». C'est un dossier consacré à l'espionnage au XX^e siècle. Il regorge de faits intéressants et d'éclairages comiques. Le mythe de la belle espionne qui sacrifie son honneur pour le bien de sa patrie vole en éclats. La fascinante Marthe Richard est décrite comme « agent double, héroïne postfabriquée », tandis que Mata Hari, qui n'avait probablement rien d'une espionne, n'était même pas séduisante. Son juge d'instruction a déclaré qu'elle était « hideuse, lippue, cuivrée », tandis qu'un autre contemporain la décrit comme n'ayant « aucun charme féminin, et certainement peu intelligente ».

Sont énumérées les divers crimes commis au nom des services secrets : tromperies, chantages, cambriolages, falsifications de documents, vengeances, assassinats et empoisonnements. Les auteurs du dossier soulignent qu'il y a très peu d'espions intelligents : « Un métier où l'on est sûr d'être pris et fusillé ne peut recruter que des imbéciles ou des candidats au suicide. » Ils en concluent que les espions, remplacés par la reconnaissance aérienne sur les champs de bataille, sont devenus un anachronisme coûteux, d'autant que les renseignement qu'ils fournissent sont souvent sujets à caution, voire ne valent rien.

Cela n'est sans doute pas faux mais j'ai bien peur que la légende des services secrets – « cette caverne de gentlemen à qui l'Angleterre doit autant qu'à ses marins, ses lanciers, etc. » – ne soit pas prête de s'éteindre dans le cœur des Français. On pense en effet que tous les Anglais résidant à l'étranger sont des espions – surtout les écrivains, dont les livres dissimulent des activités sinistres et des plus lucratives.

Je viens juste de tomber sur une connaissance qui sortait de chez Mme Antonia, la sorcière du quartier. « Elle veut l'une de *ses* chaussettes, si possible sale », m'a-t-elle lancé joyeusement de l'autre côté du trottoir.

*Mai 1952.*

« Nous n'arrivons pas à nous décider entre *Les Noces de Cana* et *La Bataille de Waterloo*. *Le Couronnement de Napoléon* pourrait faire l'affaire, mais les robes coûteraient une véritable fortune... *Le Bœuf* de Rembrandt ? Oh ! ma chère, les bouchers sont vraiment d'une humeur massacrante depuis que M. Pinay leur a demandé de baisser le prix de la viande, et je suis certaine qu'ils n'accepteraient jamais de nous en prêter un. »

Les « gens du monde » qui organisent chaque année une fête de charité ont préféré cette fois une revue à un bal. On leur a prêté le théâtre Marigny pour la soirée du 25 juin et ils y présenteront des saynètes et des tableaux vivants. Notons, et c'est bien là le plus important, que les spectateurs disposeront d'un entracte d'une demi-heure afin d'aller parader avenue Gabriel, ce qui permettra aux femmes d'exhiber leurs nouvelles robes.

*Juillet 1952.*

J'ai reçu une lettre d'une amie anglaise versée dans le jardinage, avec des questions à poser de sa part à « M. de No Eye ». Je crois que le célèbre jardinier amateur qu'est le vicomte de Noailles n'avait encore jamais vu son nom orthographié de la sorte.

*Novembre 1952.*

Au cours de ma première promenade dans Paris après presque deux mois d'absence, j'ai été prise au dépourvu à diverses reprises, et pas toujours au meilleur sens du terme. Rue Monsieur, on a démoli la petite chapelle où reposait Mlle de Bourbon-Condé, et reste à voir ce que le ministère des Colonies, à qui l'emplacement appartient, va y faire construire. Les deux beaux hôtels particuliers voisins qui abritent ses bureaux, rue Oudinot, sont entretenus avec goût, alors il se peut que tout se passe bien.

Considérée comme follement excentrique parce qu'elle avait préféré rester vieille fille plutôt que d'épouser son cousin, le futur Louis XVIII, Mlle de Bourbon-Condé s'était fait construire un palais en miniature au 12, rue Monsieur. Il s'agit de l'une des plus belles demeures de la fin du XVIII^e siècle et son décor d'origine est toujours visible. Désormais, des jeunes femmes qui apprennent l'art de devenir de parfaites maîtresses de maison vivent en ces murs. Elles mènent une existence d'une rigueur monacale et on ne les laisse jamais entrer dans les salons d'apparat.

En continuant ma promenade, j'ai découvert que la vieille et ravissante rue de la Barouillère avait été rebaptisée rue Saint-Jean-Baptiste-de-La Salle. Puis je me suis retrouvée rue du Cherche-Midi, dont le nom m'a toujours déconcertée puisqu'elle est orientée est-ouest. Je viens d'apprendre que « cherche-midi » signifiait jadis « pique-assiette ». Et il se peut que le fantôme du cherche-midi erre toujours dans la rue à l'heure du déjeuner en humant les bonnes odeurs qui s'échappent des loges de concierges, ou encore qu'il se cache à l'entrée de Châtaigner, ce restaurant en vogue et hors de prix qui ne dispose que de six tables. On a nettoyé la belle façade de l'hôtel de Montmorency, et c'est ainsi que d'exquises sculptures du XVIII^e siècle jusqu'alors ensevelies sous le plâtre sont de nouveau visibles. Voilà une agréable surprise.

Les Français sont rentrés de vacances l'esprit préoccupé. Où qu'ils regardent, la situation est inquiétante, chez eux comme à l'étranger. Mais tous les soucis qui les assaillent ont un effet bénéfique car ils n'ont jamais été aussi soudés depuis la guerre.

Outre ces problèmes de première importance, une préoccupation mineure irrite constamment les Parisiens : la circulation. Ici, les bouchons ne sont pas aussi pénibles qu'à Londres, mais ils contrarient bien plus les Français. Il n'est pas dans leur nature de rester calmement assis au volant, plongés dans leurs pensées, tandis que les minutes s'écoulent et que le feu passe du rouge au vert et inversement sans qu'ils puissent avancer. Ils klaxonnent, hurlent et s'extirpent de leur véhicule avant de s'élancer sur le trottoir pour voir ce qui se passe. Parfois, cela donne un heureux résultat, comme lorsque ce conducteur de bus (48) a eu un coup de foudre pour la concierge d'une amie à moi pendant un embouteillage particulièrement long. Depuis, elle est assise dans la rue avec son tricot par tous les temps afin de lui faire un signe de la main chaque fois qu'il passe. Mais dans l'ensemble, les encombrements sont éprouvants pour les nerfs de tout le monde.

On réfléchit à la manière de résoudre le problème. Certains proposent de couper les Tuileries en deux afin de construire une voie qui relierait la rue de Castiglione au pont de Solférino. C'est de loin le projet le plus horrible en ce qu'il défigurerait à jamais l'un des jardins les plus ravissants au monde : les Tuileries ne sont pas assez vastes pour être ainsi divisées en deux. *Le Figaro* a proposé un référendum : êtes-vous pour ou contre ? J'ai dépensé une fortune en exemplaires du journal et j'ai rayé « oui » sur tous les bulletins fournis.

*Décembre 1952.*

Le Salon de l'enfance, qui se tient au Grand Palais, est vraiment un immense goûter d'enfants. Tandis que les parents découvrent tous les produits que les industriels destinent à leur progéniture – cela va de la porcelaine incassable aux frises de papier peint Walt Disney « pour orner gracieusement la chambre du petit » –, qu'ils goûtent toutes les spécialités alimentaires et les nouvelles boissons, et qu'ils apprennent comment empêcher leurs bambins de se ronger les ongles – je remarque que de nos jours une bonne gifle n'est jamais au programme –, les gamins, telles de terrifiantes petites souris, s'agglutinent sur les balançoires, montagnes russes et autres manèges. Mais c'est bien le village reconstitué qui remporte le plus grand succès auprès d'eux. Rien n'y manque, pas même des feux de signalisation, et ils peuvent ainsi conduire des voitures miniatures et effrayer les piétons aussi bien que le font les vrais adultes.

Lors de ma visite, j'ai soudain entendu une explosion de joie : le cycliste Louison Bobet venait de faire son apparition. Toutes ces petites jambes se sont précipitées dans sa direction lorsque le haut-parleur a annoncé que le « super-crack » était présent sur tel stand.

J'aurais pu rester des heures au Salon si, pour parler carrément, l'odeur n'avait été aussi incommodante. Lorsqu'un canari est mort sous mes yeux (comme dans les sous-marins), j'ai pensé qu'il était temps de partir. Je dois bien reconnaître que depuis je souffre d'une affreuse migraine.

L'histoire de la petite Nelly est un charmant conte de Noël. Au cours de cet hiver rigoureux, le père de l'enfant, qui est fleuriste, ramassait de la mousse pour son magasin en forêt de Fontainebleau. Âgée de trois ans, la petite Nelly s'est éloignée avant de disparaître. Quelque quatre cents personnes sont parties à sa recherche, en vain. La nuit est tombée et la température a chuté. Le lendemain matin, on a retrouvé la fillette dans un nid de feuilles, en train de rire, de chanter et de réchauffer ses pieds nus au soleil. Elle était entièrement recouverte de givre mais n'en est pas moins sortie indemne de son aventure. Lorsqu'on lui a demandé pourquoi elle avait retiré ses chaussures, elle a répondu : « Je le fais toujours avant d'aller au lit. J'ai également dit ma prière. »

Les critiques de théâtre deviennent chaque jour plus grognons et ils viennent de se surpasser au détriment du pauvre Jean Marais. Ce dernier qui est, après tout, l'une des plus grandes vedettes de ce pays, a très humblement rejoint la troupe de la Comédie-Française, l'espace de quelques mois, afin d'apprendre à jouer la tragédie ; il interprète en ce moment Xipharès dans *Mithridate* de Racine.

Un critique a écrit qu'il avait peut-être les jambes d'un tragédien mais que, dès qu'il ouvrait la bouche, le sens des vers se perdait dans une curieuse mélopée, tel le chant lointain d'un berger arabe. Un autre assure que ces bras héroïques gesticulent d'une manière parfaitement absurde et que leur propriétaire semble chanter un air de Debussy. Un troisième se contente de souligner que, le soir où il a vu *Mithridate*, la bande-son devait avoir rendu l'âme. À dire vrai, Marais a une prestance incroyable mais sa voix étrange, à la fois haut perchée et voilée, ne se prête guère à la tragédie classique.

*Février 1953.*

L'expression « sous la Coupole » fait toujours référence à l'Institut de France, ce bel édifice construit par Le Vau et qui abrite cinq académies sur les berges de la Seine, les académies des inscriptions et belles-lettres, des sciences, des beaux-arts, des sciences morales et politiques, et l'Académie française. Aucun étranger ne peut être élu au sein de cette dernière, dont la fonction est de veiller sur la langue française. Ma grand-mère disait toujours que puisque nous n'avions pas d'équivalent en Angleterre, les mères devaient être les gardiennes de la langue anglaise.

Dans ce pays où la préséance joue toujours un rôle capital, l'Académie française est si éminente que ses quarante membres occupent à table une place plus importante que celle d'un duc. Une fois par semaine, ils se réunissent pour travailler sur le dictionnaire, et ce sous un portrait du cardinal de Richelieu sur son lit de mort. Aucun des académiciens n'est de première jeunesse et le fait de voir le fondateur de leur institution dans un si piteux état les démoralise. Le tableau est donc toujours dissimulé par un rideau de feutrine verte.

À l'Académie française, le « parti des ducs » se compose du duc de Broglie et de son jeune frère, tous deux physiciens de génie, du duc de La Force, historien, et du comte d'Harcourt, grand spécialiste des affaires allemandes – un homme connu pour sa nature magnanime et qui a passé les années de guerre dans un camp de concentration. Eh bien, ce « parti » vient d'être renforcé grâce à l'élection du duc de Lévis-Mirepoix. Il est dit que la famille de celui-ci, par le biais des Lévis, est apparentée à la Vierge Marie et que ses membres La tutoient dans leurs prières – cela se fait entre cousins. Les lecteurs de Proust se souviendront que Mme Verdurin, après s'être élevée dans la société pendant quarante ans, était arrivée à un point où il lui suffisait de dire « Chez les Lévis ! » à son cocher pour que ce dernier la conduise directement chez les Mirepoix.

Les écoliers français doivent passer des examens si difficiles et la compétition est devenue si intense que certains parents, qui craignent de voir leurs enfants souffrir de surmenage, les envoient dans des pensionnats suisses. Là-bas, on met surtout l'accent sur les sports et la vie en plein air. Alors que j'évoquais la question avec un jeune élève de ma connaissance, il m'a déclaré : « Le problème avec ces garçons scolarisés en Suisse, c'est qu'ils n'ont aucune conversation. »

J'aime le bureau de poste de mon quartier. Dès qu'on y pénètre, le regard se pose tout d'abord sur la liste des « actes méritoires » des employés, exploits remontant à l'année précédente. La vie d'un postier doit être excitante. Il récupère des diamants, des montres et d'importantes sommes d'argent qui s'échappent de ses colis, puis les rend à leurs propriétaires. Si un malfaiteur l'attaque, il le terrasse avant de le remettre aux mains de la police. Parfois, il doit cesser de travailler afin de plonger dans la Seine pour sauver une « désespérée ». Touchés par ce document intéressant, nous sommes alors d'humeur à souscrire à la « surtaxe du cœur », un timbre absolument ravissant qui représente un chérubin de Bouchardon. Il coûte plus cher que le tarif habituel mais les cinq francs sont reversés à la Croix-Rouge.

Il m'est impossible de décrire la gentillesse des guichetières, qui sont toutes mes amies depuis que l'une d'entre elles m'a dit : « Est-ce à vous que je dois cinq cents francs ? Je me suis trompée en rendant la monnaie la semaine dernière... » Oui, c'était bien à moi, mais je n'avais pas voulu revenir et la déranger pour cela. À ma connaissance, je suis la seule personne qui achète des timbres par centaines au bureau de poste ; tous les Français s'en procurent au tabac quand ils en ont besoin.

*Mars 1953.*

« Allez-voir Mr Cook, de Londres, qui est à Paris avec la charrue de son invention. Il attend que le temps lui permette de faire une démonstration devant le duc d'Orléans », écrivait Arthur Young en 1787.

En ce printemps 1953, les « Mr Cook » ont envahi Paris afin d'assister au Salon international de la machine agricole. En fait, il y a eu une telle affluence de visiteurs britanniques qu'on a dû leur fournir tout spécialement de bonnes tasses de thé et des hôtesses parlant leur langue. Ces dernières ont aussitôt entraîné les « Mrs Cook » au Salon des arts ménagers ; je pense que c'était plutôt cruel de leur part car les dames anglaises mouraient certainement d'envie d'aller chez Christian Dior.

En me rendant sur place, j'ai été stupéfiée par la taille des animaux, qui ont assurément grandi depuis l'époque où je vivais à la campagne. Les vaches ressemblent à des éléphants, les poulets à des dindes, et les lapins sont tous géants. J'ai retrouvé deux vieilles amies d'enfance, énormes mais reconnaissables : la wyandotte blanche – « douce et familière, de tempérament tranquille » – et la rhode-island rouge, que l'on encense pour « sa précocité et sa rusticité ». Chacun, nous dit-on, reconnaît désormais « les grandes qualités de ces poules ». Moi, je n'en ai jamais douté.

Après un court passage par le département outillages – section sinistre où sont représentées quatre-vingt-deux entreprises allemandes contre seulement trente-sept anglaises –, je suis repartie avec le sentiment que les humains auront bientôt perdu l'usage de leurs membres et qu'ils vont devenir incapables de produire de la nourriture sans l'aide de ces calibreuses, arracheuses, décolleteuses, décrotteuses et ainsi de suite, avec leur aspect repoussant, leurs noms terrifiants et leurs fonctions mystérieuses. Et qu'en sera-t-il des paysages, privés de gerbes de blé, de tas de fumier, de glaneurs, de bœufs et de meules de foin ? Comment dire l'angélus sur un tracteur ?

La première pièce d'un romancier à la réputation établie est toujours intéressante, surtout pour les autres romanciers. La nouvelle pièce de l'Athénée, *Sud*, a été écrite par un Américain, Mr Julien Green, qui rédige ses romans en français. Les critiques jugent l'œuvre très ennuyeuse mais je dois dire que tel n'est pas mon avis. Elle est trop étrange pour être ennuyeuse. Curieusement indécente, mal construite et pleine de fausses pistes, la pièce se termine par une fin d'une rare banalité, mais elle est sauvée par des éclairs de poésie dans les dialogues et par le décor le plus ravissant que j'aie jamais vu. Si le Sud profond ressemble vraiment à cela, il me semble absolument incompréhensible que tous les riches Américains choisissent de vivre n'importe où ailleurs.

*Sud* ne ressemble pas à une pièce française, elle ne ressemble même pas à une pièce américaine traduite en français. Elle m'évoque une très mauvaise pièce russe du XIX$^{e}$ dont l'histoire d'amour aurait été remise au goût du jour par un jeune Français qui se serait échappé du séminaire pour passer une merveilleuse soirée à Saint-Germain-des-Prés.

*Avril 1953.*

Après le portrait de Staline peint par Picasso, nous avons eu droit, dans *L'Humanité*, au poème d'Aragon sur le retour de Russie de Maurice Thorez :

*Il revient ! Les vélos, sur le chemin des villes,*
*Se parlent, rapprochant leur nickel ébloui.*
*Tu l'entends, batelier ? Il revient. Quoi ?*
*[Comment ? Il*
*Revient ! Je te le dis, docker. Il revient. Oui,*
*Il revient...*

Un texte charmant. *Le Canard enchaîné* a écrit à son propos : « "Vous dites qu'il revient", murmure la marquise... »

*Juillet 1953.*

L'autre soir à la Chambre, M. Gaston Palewski, qui présidait, a dit aux communistes : « Vous avez vraiment épuisé votre temps de parole mais je vous accorde trois phrases par amendement. » Un membre du parti a prononcé une phrase interminable qui, de fait, n'en finissait plus, jusqu'à ce que quelqu'un proclame : « C'est du Proust ! »

*Août 1953.*

J'ai surpris la conversation suivante, entre un Américain et un serveur à propos des grèves :

« Je suppose que c'est la faute des communistes, a dit l'Américain.

– Non, non, a répondu le serveur qui avait tout de suite compris qu'il s'agissait d'une idée fixe chez son interlocuteur. Certains communistes seulement. Mais nous sommes tous de leur côté. Nous avons de nombreux griefs.

– Lesquels ? a demandé l'Américain.

– Eh bien je n'en citerai qu'un : on vient de supprimer les allocations familiales pour les enfants de plus de cinq ans, juste à l'âge où les gamins commencent à demander un verre de vin à table, le soir.

– Du vin ?

– Oui, bien sûr. Ils doivent se désinfecter les reins comme nous tous, j'imagine. »

*8 novembre 1953.*

« Au fait, rappelez-moi comment se déroule exactement l'élection du président de la République ? ai-je demandé à un député de ma connaissance.

– Nous nous rassemblons tous à Versailles (l'Assemblée nationale et le Sénat) et c'est là que nous l'élisons.

– Et pour qui allez-vous voter ?

– Oh ! ma chère, on ne vote pas *pour* quelqu'un, on vote *contre*. »

# Portrait d'une demeure française

Je passe toujours l'automne à la campagne dans une demeure française que j'appellerai château de Sainte-Foy. Toute l'année, j'attends ce séjour avec impatience. Les semaines y filent bien trop vite. Le bonheur y règne en maître.

Sainte-Foy, longue bâtisse blanche et basse, ressemble à la demeure décrite dans *Les Malheurs de Sophie*. Elle occupe le côté d'un carré, les trois autres constituant la ferme. Le tout ceinture une « basse-cour » où des paysans bruyants et enjoués en bleu de travail, des chevaux tirant d'imposantes charrettes, un troupeau de vaches, des tracteurs et la petite voiture du fermier vont et viennent sans cesse en passant sous le porche d'une tour qui date du règne d'Henri IV. Devant la maison s'étend un parc boisé entrecoupé de canaux ; on y trouve deux vieilles chapelles, un pigeonnier, un potager et une charmille sans laquelle un jardin français serait incomplet.

Un important couvent a été rasé à la Révolution mais la maison, elle, a été épargnée. Elle a été construite au XVIII$^{e}$ siècle afin qu'y logent les amis et parents des religieuses. Voilà peut-être pourquoi il s'agit d'un lieu si parfait pour les invités. Sa propriétaire, Mme de Florange, le remplit de convives dès qu'elle y séjourne, tout comme ses parents l'avaient fait avant elle. Depuis un siècle, Sainte-Foy – demeuré intact, si ce n'est que chaque chambre dispose désormais d'une salle de bains – héberge une joyeuse compagnie.

Nombre de personnes invitées en même temps que moi y viennent depuis leur naissance, car leurs parents s'y rendaient avant eux. Elles gardent les mêmes chambres où elles laissent divers objets personnels d'un séjour sur l'autre. Il me paraît impossible de traduire le charme de ces pièces avec leur mobilier désuet, leurs aquarelles d'amateurs et leurs doubles-rideaux de taffetas rose et blanc. Elles donnent toutes sur la façade est, loin de la ferme. Seule une forte odeur de fumier, de temps à autre, rappelle son existence. La nuit, on entend les hiboux, le murmure du vent ou de la pluie dans les peupliers, ainsi que le bruit sourd des noix qui tombent de l'arbre.

J'arrive à Sainte-Foy le 1er septembre. Il est treize heures et tout le monde est rassemblé devant la maison, au milieu des caisses d'orangers. Nous nous étreignons en poussant des cris de joie, ennuis et tracas disparaissent brusquement. Durant plusieurs semaines, nous serons libres de tout souci. L'atmosphère de Sainte-Foy évoque celle d'une pièce russe – bavardages sans fin, succession ininterrompue de loisirs, quelques petits complots, des secrets échangés dans la charmille –, à cette seule différence que l'ennui n'a pas sa place ici. (Je vis en France depuis de longues années et je n'y ai jamais été confrontée une seule fois, même si au XVIII^e siècle les gens étaient anéantis par ce fléau.)

Comme dans les pièces russes, l'assemblée se compose d'éléments disparates, jeunes et vieux, intellectuels et idiots, saints et pécheurs, cigales et fourmis. Nous sommes rarement moins de huit ou plus de douze. Une touche de sérieux est apportée par un ou deux abbés, une érudite incollable sur l'architecture médiévale et le précepteur des enfants de Mme de Florange. Ils considèrent Mrs H., M. d'Albano, âgé de quatre-vingt-quinze ans, M. de La Tour et moi-même comme des convives agréables mais de peu de substance.

M. d'Albano compose des définitions. « *Yes*. Ne veut vraiment dire oui... qu'à toutes choses anglaises. » « Héros. Beaucoup ne tiennent pas à l'être mais combien voudraient l'avoir été. »

M. de La Tour restaure des tableaux et il a peut-être bien transformé une toile noircie accrochée dans l'escalier en un Bassano – je souhaite parfois qu'il en ait été autrement car la tête de saint Jean-Baptiste me déplaît souverainement. C'est un personnage de Tchekhov, jeune, romantique, insaisissable, élégant et plutôt mystérieux ; il est désespérément amoureux de la beauté de ce monde et sent approcher une marée de laideur en doutant de pouvoir survivre à ses flots. Cela le rend mélancolique.

Ennuis et tracas disparaissent à Sainte-Foy, sauf dans le cas de Mrs H. pour qui ennuis et tracas sont des violons d'Ingres. Il émane d'elle une sorte de pessimisme frivole que personne ne prend très au sérieux. C'est la personne la plus franco-britannique que je connaisse. Son père comptait parmi les collaborateurs de Lord Lyons* et elle est née à l'ambassade de Grande-Bretagne à Paris, dans la même chambre, mais pas en même temps, que Mr Somerset Maugham. Ils ont fait courir leur cerceau ensemble dans les jardins des Tuileries. Elle est venue à Sainte-Foy pour la première fois à l'âge de six semaines et sa jeunesse s'est déroulée entre les rives de la Tamise et les bords de Marne. Une fois mariée, elle a créé un salon où se retrouvaient les personnalités intellectuelles de la société londonienne. Doté de grands yeux noirs virant au vert, son visage affiche un air tragique et elle ne s'habille qu'en veuve.

Un jour elle m'a dit :

« Mon enfant – je suis toujours son enfant, et la petite pour Mme de Florange, c'est si agréable ! –, tu ne devrais pas te maquiller, cela n'inspire pas les artistes.

– C'est très bien en ce qui vous concerne, ai-je répondu, car vous ressemblez à la maîtresse du

---

* Ambassadeur de Grande-Bretagne en France pendant vingt ans (1867-1887). *(N.d.É.)*

Greco. Mais moi, sans maquillage, on me prendrait pour une vieille gouvernante anglaise. »

Tandis que les autres m'accueillent avec tous les signes extérieurs de la satisfaction, Mrs H., que je n'ai pas revue depuis des mois, ne me pose qu'une seule question : « Mon enfant, as-tu apporté un journal ? Pas de journal ? Bien sûr, tu te moques complètement de l'effondrement de la civilisation. »

Pour une raison inconnue, la civilisation semble toujours sur le point de s'effondrer en septembre plus qu'à tout autre moment de l'année, ce qui donne une raison supplémentaire de passer ce mois difficile à Sainte-Foy, où les roulements de tambour nous parviennent étouffés. On n'y trouve aucuns journaux, à l'exception des quotidiens britanniques que Mrs H. et moi-même recevons par la poste avec deux jours de retard. « Mon enfant, puisque tu es abonnée au *Daily Telegraph*, je vais m'arranger pour avoir le *Times*. » Au salon se trouve un vieux poste de radio, mais quiconque est assez téméraire pour l'allumer reçoit aussitôt une puissante décharge électrique.

Aucun d'entre nous ne regrette d'ignorer les dernières nouvelles, sauf Mrs H. qui, guettant d'un air lugubre l'effondrement de la civilisation, meurt d'envie de jeter un coup d'œil furtif sur l'actualité. À l'époque de la crise de Suez, j'avais pitié d'elle au point d'allumer la radio à l'aide d'une gomme. « C'est la fin ! » Comme tous les Anglais, elle et moi prenions parti sur le sujet, et nous avons eu des discussions houleuses. Les Français étaient assez d'avis, tout comme elle, que c'était la fin d'un monde, mais ils ne se sautaient pas à la gorge ; ils haussaient les épaules et rejetaient la faute sur les Américains.

Mme de Florange est une belle femme, grande et élégante, née la même année que Sir Winston Churchill, le chancelier Adenauer et le précédent pape*. Tout comme eux, elle est extrêmement autoritaire. Le monde a toujours été à ses pieds et elle parvient inévitablement à ses fins. Il se trouve qu'elle est une sainte. Les saints sont rarement d'un commerce facile et Mme de Florange évoque plus un aigle qu'une colombe. Elle est une rebelle et une manière de phénomène. Dans son monde – catholique, royaliste, « *bien-pensant* » et Action française –, il est très rare d'être, comme elle, une gaulliste convaincue. D'habitude, ses pairs s'exclament : « Je vote pour le Général des deux mains afin de ne pas avoir à serrer la sienne. » Ils votent pour lui car « y a-t-il quelqu'un d'autre ? » Mais ils le détestent.

Mme de Florange, et ce trait la différencie également des gens de son milieu, est pleine de fantaisie. Il est impossible de connaître ses réactions à l'avance. Elle n'est pas choquée par Voltaire ou Anatole France (quoique les enfants

* Erreur de l'auteur : si Konrad Adenauer et Pie XII sont bien nés en 1876, Churchill, lui, est né en 1874. *(N.d.É.)*

n'aient pas le droit de les lire), ou même par Mendès France. Elle apprécie beaucoup *L'Express* pour son abominable intelligence. L'art contemporain l'intéresse depuis toujours, elle a posé pour les cubistes et a été une grande amie de Bonnard, qui lui a offert un tableau. Un jour, quelqu'un a trouvé la liste des personnes pour qui elle prie quotidiennement : au milieu des noms des membres de la famille, il y avait Louis XIV et Landru. « Pauvre homme ! a-t-elle répondu quand on lui a demandé pourquoi elle avait choisi Landru. Il semble qu'il n'ait plus de parents pour prier pour lui. » Extrêmement pieuse, elle passe plus de temps à l'église qu'au salon. Elle n'est jamais avec les autres lorsque j'arrive ; sa femme de chambre est partie pour la chapelle afin de lui annoncer que le déjeuner est prêt.

Pendant ce temps, Mrs H., arrivée d'Angleterre une heure plus tôt, raconte les dernières nouvelles, toutes mauvaises.

« Mon médecin, que j'aimais tant, s'occupe désormais exclusivement des *broilers*.

– Brolairs ? Qu'est-ce que c'est que ça ?

– Des sortes de poulets qu'on élève dans le noir en les nourrissant avec des injections. Il déclare que ses nouveaux patients ne lui téléphonent pas en pleine nuit, eux. Oh ! c'est un vrai cauchemar.

– Mais ces brolairs doivent avoir un goût effrayant ? »

Les autres sont bien plus concernés par les souffrances du consommateur que par celles du poulet.

« Oh ! absolument. Mais personne n'y attache la moindre importance. Aujourd'hui en Angleterre, le veau a le goût du papier buvard. Et tout cela pourquoi ? Parce qu'on les élève dans des bains de vapeur », ajoute-t-elle, et ses propos évoquent des hammams disséminés un peu partout dans la verte et charmante campagne anglaise.

À Sainte-Foy comme dans toutes les maisons françaises, la journée commence avec le bruit, comparable à des coups de pistolet, des volets qui claquent contre les murs. Pas les miens : je dors en laissant tout ouvert, c'est pourquoi j'apprécie tant les fenêtres françaises qui unissent une demeure au firmament au lieu de l'en isoler comme le font les fenêtres à guillotine.

Mme Congis fait bientôt son apparition avec du café et des croissants. Elle vit avec l'heureux M. Congis – cet homme a vraiment de la chance, on peut le dire – dans un village à quelques kilomètres. Elle arrive à vélo avant le petit déjeuner et repart après le thé, chargée de lettres de condoléances qu'elle doit aller poster. Tout ce qui se passe à Sainte-Foy l'intéresse au plus haut point. Après avoir laissé tomber lourdement le plateau sur vos genoux, elle croise les bras et s'exclame « Voilà ! » avant de vous raconter les nouvelles.

« Voilà ! Après la messe, monsieur l'abbé Fesch est monté sur l'un des ânes des enfants, pour s'amuser, et il s'est retrouvé de l'autre côté de la colline. Cela tracasse beaucoup madame la comtesse. »

« Voilà ! Missise H. a une rage de dents et elle est sur le point de partir chez le dentiste à Meaux. »

En entendant le bruit du moteur, chacun se précipite à la fenêtre ; Mrs H., drapée dans ses châles, sort de la maison et, telle une sainte gothique, elle s'écrie : « Priez pour moi ! » avant de rouler vers son martyr.

Une fois par an, Mme Congis annonce : « Voilà ! Madame sait que demain c'est le jour de l'Évêque. » Chacun s'en réjouit. Monseigneur, qui est absolument adorable, vient avec son aumônier et dit la messe de neuf heures. Après avoir assisté au copieux petit déjeuner servi aux fermiers du domaine, il se retire dans la chambre mise à sa disposition et accomplit son travail de la matinée. Le déjeuner est un festin gargantuesque auquel assistent de nombreux prêtres (certains venus de Paris) et voisins. Les femmes font toutes la révérence à l'évêque avant de baiser son anneau. Une fois, la belle-fille anglaise de Mme de Florange, qui est une beauté, l'a croisé par hasard dans la charmille. Il a tendu sa main baguée, elle l'a saisie d'un air distrait et s'est exclamée : « Oh ! quelle pierre ravissante ! » Lors de ce déjeuner, il trône tel un roi et joue les maîtres de maison. Les étrangères comme Mrs H. ou moi-même sommes donc ses voisines de table. Mrs H. le presse de questions sur l'effondrement de la civilisation. Mais nous avons affaire à un personnage gai et optimiste pour qui l'autre monde est bien plus réel que celui-ci ; Nasser et la Bombe le laissent étrangement indifférent. À la fin, l'évêque et les autres prêtres prennent le café en fumant, en bavardant et en riant. Ils donnent l'image d'un collège de cardinaux.

André, le majordome, donne le meilleur de lui-même le jour de l'Évêque, dont l'organisation repose en grande partie sur ses épaules. Cet homme adorable est une encyclopédie vivante et il souffre, à l'heure des repas, en entendant des remarques approximatives sur les sujets les plus divers. Parfois, ses lèvres bougent frénétiquement tandis qu'il essaie, sans jamais prononcer un mot, de souffler la réponse à l'invité hésitant.

« Qui a succédé à Sadi Carnot ? » a demandé un jour M. de La Tour d'un ton hésitant. Le soir même, il a trouvé sur sa table de toilette une liste précise de tous les présidents de la République avec leurs dates.

Au cours d'un dîner, un convive qui s'adressait en hurlant à une dame sourde a lancé :

« La rue de Tilsit – Tilsit comme la bataille. »

Je n'ai pas pu m'empêcher de rétorquer avec l'assurance d'une madame-je-sais-tout :

« Il n'y a jamais eu de bataille à Tilsit.

– Vous pariez ? »

Encouragée par un signe de tête affirmatif d'André, j'ai parié et gagné cent francs.

Lorsqu'on descend trop tôt pour le dîner, on le trouve souvent en train de chercher une information dans le *Larousse*. S'il m'arrive de m'asseoir distraitement avant qu'un abbé en visite ait dit le bénédicité, André me donne un grand coup dans le dos. Une fois, quelqu'un lui a demandé quel cadeau il aimerait recevoir à Noël et il a répondu : « Un poème d'amour d'Alfred de Vigny, encadré. »

Son prédécesseur, un Maure prénommé Mahmoud, avait été condamné à mort par ses compatriotes, aussi refusait-il de prendre un seul jour de congé. Mais il s'était jeté avec concupiscence sur Bernadette, l'une des femmes de chambre, et on avait dû le renvoyer. Peu après, le pauvre Mahmoud avait été retrouvé mort, la gorge tranchée.

Le vendredi, divers messieurs travaillant à Paris viennent « en week-end ». Mrs H. les attend comme le Messie, en espérant glaner bon nombre d'informations sur l'actualité du moment. Il est vrai qu'ils sont une source de renseignements intarissable, et elle apprend très vite dans les moindres détails ce qui se dit au Jockey Club. Cela correspond rarement avec ce qu'elle lit dans *New Statesman and Nation*, alors elle tente de parvenir à la vérité en faisant la synthèse des deux.

Ils apportent des piles de journaux, ainsi que des douceurs et des fleurs pour Mme de Florange (en France on apporte des fleurs à la campagne, on n'en rapporte pas), et tous les nouveaux livres qui leur ont été offerts par les auteurs en personne. La plupart des volumes disposés sur la table du salon ont été écrits par des ducs et des duchesses. Cela ne veut pas dire pour autant que l'on dégringole au niveau des souvenirs mondains. Certains ducs français appartiennent à l'intelligentsia. Trois d'entre eux sont membres de l'Académie française et la duchesse de La Rochefoucauld les y rejoindra peut-être bientôt, ce qui ferait d'elle la première femme à y être admise.

Quand on me demande ce que je fais toute la journée à Sainte-Foy, je ne sais que répondre. Seule certitude, le temps s'y écoule en mille petites distractions délicieuses et je ne peux songer y entreprendre le moindre travail. Nous posons pour Mme de Florange, qui peint des retables monumentaux d'une main de maître. Nous y avons tous figurés en anges, démons ou victimes de la peste.

Nous jouons beaucoup au bridge. Mes séjours commencent toujours de la même manière : j'implore notre hôtesse de nous permettre de jouer chaque point à deux sous au lieu d'un. « Certainement pas. Dans cette maison, nous avons toujours joué à un sou et cela n'est pas prêt de changer. » Elle fait des surenchères d'appels et déteste gagner. Mrs H., qui a adopté la tactique inverse, déteste perdre : « Mon enfant, tu gagnes toujours sauf quand tu joues avec moi. C'est vraiment pénible. » Nous luttons avec acharnement et nous disputons jusqu'à l'aigreur. Parfois, tout cela se termine par un coup de fil à un ami parisien d'Albarran*, afin de nous départager.

Soit dit en passant, les fermiers sont des joueurs acharnés dans ce coin de Seine-et-Marne. Le maire de Pouy, propriétaire de l'une des exploitations les plus importantes du département, se joint souvent à nous pour jouer (à un sou). Il nous raconte des parties de poker vraiment enragées. L'un de ses collègues a récemment misé et perdu deux chevaux, ils sont partis le lendemain matin et leur charretier versait des torrents de larmes. Chaque année, lors des nuits de pleine lune, ce maire charmant nous emmène, M. de La Tour et moi-même, en forêt d'Ermenonville afin d'entendre bramer les cerfs. Ladite forêt est pleine de ces animaux aussi rugissants que des lions. Cette scène primitive pourrait se dérouler au Congo, et pourtant tout cela se passe à moins d'une heure de voiture de Paris.

Le domaine de Sainte-Foy est au beau milieu du champ de bataille de la Marne et les deux dernières guerres sont le principal sujet de conversation entre les paysans et une étrangère comme moi. Les Allemands leur en ont fait voir de toutes les couleurs et une Europe unie ne leur

---

* Pierre Albarran (1893-1960), grand théoricien du bridge. *(N.d.É.)*

inspire aucun enthousiasme. Un émouvant petit livre imprimé dans la région après la Grande Guerre relate très précisément ce qui est arrivé aux habitants des cinq villages voisins à l'automne 1914.

Le maire de Pouy raconte des histoires fascinantes sur la bataille de la Marne – le très jeune homme qu'il était y a pris part. Il n'oubliera jamais qu'un matin, après plusieurs nuits où personne n'avait fermé l'œil, il a vu un officier indien assis calmement au bord de la route, tandis qu'un planton lui nouait son turban. Il dit que les mulets du régiment indien avait toujours l'air tirés à quatre épingles, comme si on venait de les bichonner une minute plus tôt. Dans la région, on considère les Britanniques comme de fidèles frères d'armes. Ni Mers el-Kébir ni nos positions (réelles ou supposées) hostiles à la France n'ont eu d'impact ici. En 1943, M. Gouasc, le fermier de Mme de Florange, a caché un capitaine anglais pendant de longs mois tout en recevant un flot constant de « parachutages ». Gouasc a fini par être arrêté et déporté en Allemagne, où il a succombé aux mauvais traitements. Le capitaine, qui s'en est tiré, a été tué en Birmanie. « Le pauvre capitaine ! Il était bien gentil. » Quand les paysans vous racontent de tels épisodes, ils célèbrent le courage des autres mais ne parlent jamais d'eux-mêmes.

L'une des invitées de Mme de Florange, jeune fille en 1914, faisait de la broderie dans un petit pavillon (toujours utilisé aujourd'hui) perché sur le mur du parc tel un nid d'oiseau, lorsqu'elle vit soudain des uhlans galoper au sommet de la colline. Au début de la guerre, alors que les armées étaient en mouvement, il n'y avait aucun moyen de savoir si l'ennemi approchait. La famille s'en retourna donc à Paris, laissant Sainte-Foy sous la garde du palefrenier. Quelques jours plus tard, un officier allemand remonta l'allée à cheval et se rendit directement à la sellerie où il se choisit une nouvelle bride.

« Où sont M. de Florange et M. d'Albano ? demanda-t-il au palefrenier.

– Avec leurs régiments. »

Il évoqua un ou deux autres familiers de la maison puis s'en fut en suivant un sentier qui longeait les champs et qu'aucun étranger n'aurait pu connaître. Qui était ce mystérieux personnage ? Dans l'entourage des maîtres de maison nul ne connaissait d'officier allemand. On pensa donc que la *Fräulein* qui s'occupait des enfants avait dû être un homme – on affirmait qu'elle en avait l'apparence physique, d'autant que sa moustache était bien visible.

Sainte-Foy offre la possibilité de faire de ravissantes promenades. Vous pouvez grimper sur les hauteurs, passer devant les meules de foin et le vieux moulin à vent pour aller à Pouy, qui se résume à une douzaine de maisons blanchies à la chaux, aux toits rouges et bleus, regroupées autour d'une église romane. Il est également possible d'emprunter un chemin vicinal blanc de poussière, bordé de noisetiers et de mûriers, jusqu'à Mareilly où l'on trouve parfois un exemplaire de *L'Aurore* à l'épicerie du village. Vous pouvez enfin traverser un bois de peupliers jusqu'aux cressonnières.

À l'époque où La Tour restaurait une fresque naïve dans l'église de Pouy, j'avais pris l'habitude de le rejoindre après le thé et de rentrer à pied en sa compagnie. Comme beaucoup de Français, il prétend que ses compatriotes sont d'une sottise vertigineuse. « Les crétins, accordent-ils la moindre importance à cette belle église ? » Ç'avait donc été une charmante surprise que de recevoir un courrier signé de l'ensemble des paroissiens : ils le remerciaient pour toute la peine qu'il s'était donné.

Lorsque j'ai découvert cette région, juste après la guerre, les villages avaient un air pour le moins crasseux, mais dernièrement j'ai perçu une amélioration due, je pense, à quelques Parisiens qui ont acheté des petites maisons pour y passer le week-end. Le rat des villes a appris au rat des champs à peindre ses boiseries, à accrocher de jolis rideaux, à cuisiner au Butagaz et à fleurir son jardin. Il se peut que tous soient désormais plus riches, mais je crois que le manque d'imagination, bien plus que le manque d'argent, était responsable de la tristesse d'antan. Cette année, j'ai noté l'arrivée d'une ou deux machines à laver, mais je n'ai toujours pas vu un seul poste de télévision.

Dans cette contrée, les fermes sont assez vastes pour être florissantes. On cultive surtout du blé, du maïs et de la betterave. Les installations sont de plus en plus modernes. À Sainte-Foy, les quarante vaches frisonnes sont traites mécaniquement et leurs clôtures sont électriques. On circule à bord d'un gros tracteur Ferguson et autres engins motorisés mais Champagne, un amour de cheval blanc qui aime tant son charretier qu'il ne le quitte pas des yeux, tel un chien, et Jean Mermoz, un vieil alezan somnolent, travaillent encore beaucoup. Le Français estime que les chevaux sont très utiles quand le sol est humide ; de plus ils donnent du fumier, et par la suite on peut les manger – autant d'atouts dont ne dispose pas un tracteur.

Jusqu'alors si lointain, le monde moderne a fait son apparition à Sainte-Foy d'une manière horrible l'année dernière. Un convoi de jeunes fonctionnaires intelligents est arrivé dans le but de chercher du pétrole. Ils ont creusé un énorme cratère dans un champ de blé, sous les murs du parc, et ont installé une pompe qui faisait un vacarme assourdissant nuit et jour. Derrière les arbres, de puissants projecteurs brillaient d'un éclat aveuglant. Un décor infernal. On nous a annoncé que si les recherches aboutissaient, des baraquements envahiraient les pâturages. L'atmosphère serait saturée de pétrole. La pompe et les projecteurs feraient alors partie intégrante du paysage. En outre, Mme de Florange et le jeune M. Gouasc, son fermier, ne recevraient qu'un très maigre dédommagement et aucun bénéfice, car en France, bien avant la Révolution, les ressources du sous-sol appartenaient déjà à l'État. Fort heureusement, les prospecteurs ont échoué. Ils ont donné l'équivalent de cent livres sterling au fermier pour avoir dévasté son champ, ont rebouché le cratère et levé le camp en direction d'un autre gisement de pétrole plus important, à quelque vingt kilomètres de là.

Le domaine de Sainte-Foy a été sauvé, mais jusqu'à quand ? Étant si proche de la capitale, ne fera-t-il pas bientôt partie de l'« agglomération parisienne » ? Tous ces beaux paysans habiles s'entasseront-ils dans des usines pour fabriquer des objets inutiles destinés à d'autres paysans devenus ouvriers ? Les peupliers seront-ils abattus afin d'être remplacés par des « unités », c'est-à-dire des immeubles divisés en appartements, dotés de leurs propres magasins et piscines, au beau milieu de parkings en béton ?

Peut-être pas, après tout. Je ne peux vraiment pas imaginer Mme Congis ou le maire de Pouy vivant dans une unité.

P.S. : J'ai fait lire ce récit à un ami français qui m'a dit :

« Ma chère, si les Anglais croient que nous vivons tous ainsi, ils ne rejoindront jamais le Marché commun.

– Ne vous faites aucun souci, lui ai-je répondu. Les Anglais ne croient pas un mot de ce que je leur raconte. Ils me considèrent comme leur fournisseuse principale en contes de fées. »

# Made in France

Michelet pensait que les Français se divisaient en deux catégories, les Francs et les Gaulois, et que nul habitant de ce pays ne nierait cette théorie. Sérieux, austères et plutôt puritains, les Francs bâtissent. Drôles, cyniques, intelligents et frivoles, les Gaulois détruisent. Ils sont révolutionnaires et Michelet se range de leur côté. On leur doit la moitié des plaisirs de l'existence même s'il est bien plus confortable d'être gouverné par des Francs. Lors de l'élection présidentielle, après avoir voté dans la Nièvre M. François Mitterrand a désigné du doigt une colline voisine en déclarant : « Voici l'endroit où Vercingétorix s'est rallié aux Gaulois ! » S'il y eut jamais un Gaulois, c'est bien Mitterrand.

Il semblerait que bien peu de mes amis aient lu l'*Histoire de France* de Michelet, même si en général ils peuvent réciter les passages célèbres que l'on donne en dictées dans les écoles. Les Français ont de sérieuses lacunes dans leurs lectures ; il n'existe ici aucun équivalent de la

London Library* et les livres épuisés sont difficiles à trouver. Toutefois, on ressort enfin l'*Histoire de France*, en treize volumes. En attendant, le *Michelet par lui-même* de Barthes est une excellente mise en bouche**.

Henry de Montherlant, âgé de soixante-dix ans, vient tout juste de publier un nouveau tome de son journal : *Va jouer avec cette poussière****. Il y raconte que lorsqu'il écrit, il s'arrête parfois pendant dix minutes afin de trouver « le mot fort », tout en se rendant parfaitement compte que, sur les millions de Français, seule une trentaine comprendra peut-être la force du mot en question. À l'étranger, personne ne saisira la nuance puisque la traduction est un meurtre.

En ce qui concerne les Français, je ne suis pas d'accord avec lui. S'il est vrai que les critiques littéraires remarquent rarement si un livre est bien ou mal écrit, tel n'est pas le cas du public ; seuls les livres bien écrits ont une vie. Quant aux traductions, elles trahissent à tel point le texte original – y compris les meilleures, je pense à Proust traduit par Scott Moncrieff – qu'il serait préférable de ne plus en faire paraître. Les gens apprendraient alors de nouvelles langues et les

* Fondée en 1847, elle est d'un accès très facile. La BPI du Centre Pompidou n'ouvrira qu'en 1977. *(N.d.É.)*

** *Images et textes présentés par Roland Barthes*, Paris, Seuil, 1954. *(N.d.É.)*

*** *Carnets (1958-1964)*, Paris, Gallimard, 1966. *(N.d.É.)*

éditeurs auraient plus de place dans leurs catalogues pour des écrivains compatriotes encore inconnus.

Je suis fascinée par les histoires que ma vieille bonne, Marie, me raconte sur sa jeunesse dans la Beauce, cette plaine fertile des environs de Chartres. Elle est toujours propriétaire de la maison où elle est née, maison qui appartenait à son ancêtre, un grognard de Napoléon. Sa médaille de bronze est exposée sur le buffet de la cuisine. La Françoise de Proust venait de cette même région et, tout comme elle, Marie fait preuve d'un bon sens jamais pris en défaut.

Un jour je lui ai dit :

« Ce soir, je passe à la télévision. Pourquoi n'allez-vous pas me voir chez votre nièce (qui a un poste) ?

– Mais puisque je vois Madame tous les jours... »

J'ai souvent pensé consacrer un récit à sa vie paisible, mais il devrait être rédigé avec le ton piquant qui la caractérise. Il se trouve que cela vient d'être fait avec l'un de ses voisins, qui a exactement le même âge, Ephraïm Grenadou. *Paysan français* est l'histoire de sa vie telle qu'il l'a confiée à un jeune journaliste devenu son voisin : c'est un best-seller*. Fils d'un charretier et d'une couturière, Grenadou est né en 1897 à

---

* Le titre complet est *Grenadou, paysan français*, en collaboration avec Alain Prévost, Paris, Seuil, 1966. *(N.d.É.)*

Saint-Loup, village voisin de l'Illiers de Proust. Il n'a jamais vécu nulle part ailleurs, et c'est aujourd'hui un fermier prospère qui possède deux cent dix hectares. Il raconte les conditions de vie à la campagne lorsqu'il était enfant – témoignage confirmé par Marie, qui a été captivée par le livre –, comment il a survécu à deux guerres et à la crise économique de 1931, mais aussi comment il a fait son chemin grâce à son énergie, à son intelligence, à l'intérêt qu'il portait aux techniques agricoles modernes et à une chance perpétuelle. Il semble avoir eu une existence sans nuages. Lorsque Grenadou fait aujourd'hui le bilan, il dit qu'un fermier gagne rarement beaucoup d'argent mais qu'il vit comme un coq de combat, est son propre patron et donne naissance à des enfants heureux et bien portants.

Ici, les sondages d'opinion affirment que la moitié des Français voudraient vivre à la campagne : il se pourrait bien que ce livre fasse augmenter les chiffres. Mais Grenadou prévient les fermiers en herbe que seuls les fils et petits-fils de paysans peuvent réussir.

En France, Monsieur le maire est bien plus puissant que son équivalent anglais – voilà pourquoi il n'y a pas de maire de Paris*. Une fois

* Bien peu exercée depuis sa création en 1791, la fonction de maire de Paris ne sera rétablie qu'avec l'élection de Jacques Chirac en 1977, en remplacement du préfet de Paris. *(N.d.É.)*

élu, il garde parfois son poste à vie – son élection n'a pas grand-chose à voir avec la politique. Je connais un gaulliste qui vote toujours pour un maire communiste parce que celui-ci est le seul à comprendre les caprices de la rivière du village. Chaque matin, Europe 1 diffuse une émission amusante, *Bonjour, Monsieur le maire*. Monsieur le maire parle de sa ville ou de son village, il en décrit l'architecture, évoque les paysages de sa commune, discourant longuement sur ses connections historiques ou littéraires, et il finit souvent son intervention en donnant la recette d'un plat de la région. Les maires sont éloquents, pour ne pas dire poétiques. Les quelques rares élus n'ayant aucun bagout confient à leur épouse le soin de prendre la parole, et chacun parvient à présenter sa municipalité comme l'endroit le plus attrayant de la planète – « un petit village plein de félicité ».

Même leurs difficultés paraissent idylliques. « Ensevelis comme nous le sommes dans une forêt de châtaigniers, nous risquons d'être bientôt coupés du monde car la SNCF menace de fermer notre ligne. » « Dans notre village, qui a mille ans d'âge, les Beaux-Arts ne permettront jamais la construction de nouveaux édifices. » « Nos rues sont trop escarpées et étroites pour laisser passer des voitures, et nous ne disposons d'aucun lieu pour construire un parking. » « Comment protéger les trésors de nos églises maintenant que des citadins viennent les voler ? »

Monsieur le curé aurait tendance à se montrer moins concerné. En général, c'est un homme bon, bien plus pauvre que ses paroissiens, mais il ne s'oppose pas avec assez de véhémence à cette nouvelle tendance de l'Église française à tout enlaidir. Elle déconseille la musique aux mariages et les fleurs aux enterrements, ainsi que l'usage de tous ornements sacerdotaux. Monsieur le curé lui-même a remisé sa soutane et s'habille désormais en clergyman. Une église n'est pas un musée ! Tel est le nouveau cri de guerre. On doit pouvoir prier sans être distrait par des objets d'art ou de la musique. Le fond puritain, toujours latent en France, a désormais pris le dessus. En vérité, voilà bien une curieuse situation : Monsieur le maire s'intéresse de plus en plus à la tradition et aux arts, tandis que Monsieur le curé a bien l'intention de vivre avec son temps.

Selon Bossuet, Versailles, cette ville de nantis, n'avait nullement besoin d'un ennemi pour être réduite à néant : elle portait en elle les germes de sa propre destruction. Ce n'est que trop vrai. En ce moment, on construit une nouvelle ville de riches baptisée Parly 2, tout à côté du village de poupées de Marie-Antoinette. Il s'agit de vastes ensembles aux appartements luxueux destinés, ainsi que l'était le château de Versailles lui-même, à une vie communautaire. (On se demande bien qui jouera le rôle du roi.) On y disposera de piscines, d'un club de bridge, d'écuries pour quatre-vingts chevaux, de parkings, d'un « shopping géant » où l'on pourra tout acheter – de l'énorme diamant à la boîte de sardines – ainsi que d'une chapelle. Le salon témoin est meublé dans ce que les Américains appellent le style Louis-Louis* ; rien n'y manque, pas même le manteau de cheminée. Les appartements coûtent entre six mille et vingt mille livres. Ces machines à vivre pour temps modernes poussent un peu partout dans Paris et isolent de plus en plus des groupes d'individus en fonction de leurs revenus. Je suis certaine que c'est une très mauvaise idée. Personnellement, je préférerais vivre dans n'importe quel bon vieux taudis plutôt que d'être entassée avec la bourgeoisie à Parly 2.

À l'autre extrémité de l'échelle sociale, une curieuse situation a vu le jour à Meaux. À la sortie de cette vieille ville où l'architecture religieuse du XVII^e^ est omniprésente – on peut toujours visiter la pièce où vivait Mme Guyon lorsqu'elle expliquait sa doctrine à Bossuet –, on a récemment construit des gratte-ciel à des fins de cités-dortoirs pour ouvriers parisiens. Les trains express, qui mettent une demi-heure pour rallier la gare de l'Est, sont devenus pour les navetteurs des lieux de rendez-vous où règne la bonne humeur. Ils y entrent en coup de vent, serrent les mains de tous les autres passagers et

* Réinterprétation du style Louis-Philippe. *(N.d.É.)*

s'installent pour faire la causette. Aujourd'hui, les urbanistes ont eu l'idée de construire des usines à Meaux afin d'épargner cet aller-retour quotidien à ces gens. Mais les ouvriers aiment prendre le train, « ils y font salon », ils apprécient même le fait de jouer des pieds et des mains pour y monter ; à les entendre, il serait bien trop ennuyeux de traverser la rue pour se rendre sur leur lieu de travail. Ils continuent donc d'aller gagner leur vie à Paris. Et c'est ainsi que les usines de Meaux emploient des Parisiens, eux aussi charmés par l'atmosphère de fête du train.

Un ami anglais qui fait construire des cottages et qui pense que les règles en matière de toilettes sont bien trop strictes m'a demandé ce qu'il en était en France. J'ai rendu visite à mon plombier. Pendant quelques minutes, il n'a pas compris où je voulais en venir, puis il a dit gaiement : « Oui, il y a une règle ! Vous n'êtes pas censé installer un W.-C. dans la cuisine, même si c'est le cas dans toute la rue de Sèvres ! »

# Mai 1968, journal d'une révolution

*Versailles, 16 mai.* – Nous avons entendu les jeunes meneurs à la télévision pendant trois quarts d'heure. C'était très ennuyeux. Il y avait un garçon corpulent dont je n'ai pas compris le nom ; les deux autres s'appellent, et cela tombe bien, Sauvageot et Cohn-Bandit [*sic*]. Les noms des gens sont souvent appropriés : Montgomery, Alexander, de Gaulle, Wilson, Brown, etc. Sauvageot singe Robespierre. Froid et imperturbable, il espère donner la chair de poule, cela ne fait aucun doute, mais il n'y parvient pas vraiment. Bandit me rappelle beaucoup Esmond Romilly* – un petit anarchiste énergique et bondissant. Il rit bêtement de temps à autre mais ne fait aucune plaisanterie digne de ce nom. Le garçon corpulent semble le plus humain des trois.

* Premier mari de Jessica, sa sœur communiste. En 1936, le jeune couple avait rejoint les Brigades internationales en Espagne. *(N.d.T.)*

Après avoir dit à quel point ils méprisaient tout dans la vie, à commencer par l'argent, ils se sont empressés de donner le numéro de leur compte postal afin que nous pussions nous dépêcher de leur en envoyer. Ils se sont beaucoup plaints de l'attitude de la police à leur égard et je les méprise pour cela. Ils se sont comportés en voyous et ont été traités comme tels. Personne n'a été tué, et voilà qu'ils réagissent tels des bébés venant de recevoir une fessée. Ce n'était pas très digne.

Le facteur a dit : « Tout va changer. » Cela nous a glacé le sang. Il arrive désormais avec une heure de retard et jette le courrier du voisin dans ma boîte aux lettres – le mien aussi, me dois-je d'ajouter. Mme Pines a déclaré à Marie, ma vieille bonne : « Mais qu'attend donc le Général ? Dès qu'il sera parti, tout rentrera dans l'ordre. » J'ai demandé à Marie de ne pas oublier que cette femme était d'une bêtise vertigineuse. Elle est la seule personne que je connaisse ici à être contre le Général. Mais enfin, pour être tout à fait honnête, elle est aussi la seule vraie pauvre que je connaisse, même si son petit appartement est adorable et si la pension de feu son époux lui assure un revenu amplement suffisant.

À onze heures, Frank et Kitty sont venus de Paris pour me rendre visite. Très amical de leur part. Frank pense que nous sommes confrontés à l'une de ces crises périodiques des milieux étudiants que le pays traverse depuis toujours. Il ne croit pas que tout cela soit très grave. C'est un homme intelligent, il connaît la France et son histoire, mais je me souviens parfaitement qu'en mai 1958 il ne s'attendait nullement au retour du Général.

À l'époque, je lui avais dit :

« Frank, après la conférence de presse vous avez sans doute réalisé que c'était inévitable ?

– Non », avait-il répondu très honnêtement.

Miss Sweeney est venue prendre le thé. Elle a visité le château et m'a dit qu'il surpassait Chatsworth*.

*17 mai.* – Thierry est venu déjeuner. Il m'a rapporté tous les derniers potins parisiens ainsi que de nouveaux éléments de documentation en provenance d'Allemagne, où il vient de séjourner et où je me rendrai en août afin de poursuivre mes recherches sur Frédéric le Grand. Nous n'avons pas parlé politique mais à moment donné il a dit : « Si les ouvriers se mettent vraiment en grève, cela sera embêtant pour le pays. »

Bertrand affirme qu'il ne s'agit pas d'un mouvement révolutionnaire, mais selon moi ce n'est jamais le cas au début. Tout commence toujours dans la bonne humeur. C'est ensuite que la situation dégénère. L'histoire a montré que parfois les autorités restent impuissantes à réagir, et j'ai

* Demeure de Deborah, sœur de Nancy et duchesse de Devonshire. Chatsworth est connu comme le « Versailles anglais ». *(N.d.T.)*

le sentiment que tel sera peut-être le cas cette fois.

*18 mai.* – Lucy a téléphoné. Elle a mis un bonnet phrygien et s'est rendue à la Sorbonne déguisée en étudiante. Nous avons le même âge, cela devait être bizarre à voir. Elle a dit qu'ils étaient tous si beaux et si polis ! Il semblerait que la Sorbonne soit devenue une attraction touristique.

*19 mai.* – Grève générale. Comme je n'ai pas de voiture, je suis coincée ici. Excellent pour mon travail. La radio est entre leurs mains et les speakers, qui ont toujours été absolument charmants, font désormais très peur à entendre. Ils débitent des mauvaises nouvelles à la vitesse d'une mitrailleuse. J'ai l'impression que les Français se sont transformés en porcs géraséniens*.

J'ai ici un grand ami qui est ouvrier chez Renault, où la grève a commencé. J'ai déjà dîné avec lui et son épouse, et ils sont aussi venus dîner à la maison. Je suis allée leur rendre visite.

---

* Allusion à un épisode du Nouveau Testament (évangile de saint Marc, V, 1-17). Au pays des Géraséniens, Jésus rencontre un homme possédé par des démons. Il leur intime l'ordre de quitter son corps et ceux-ci supplient le Christ de les laisser s'emparer d'un troupeau de deux mille porcs. Il accepte et les animaux se jettent aussitôt du sommet d'une falaise. *(N.d.T.)*

Tous deux sont farouchement gaullistes. À les en croire, personne ne veut d'une grève, mais que peut-on faire ? Ils disent que l'on doit suivre le mouvement, un point c'est tout. Il semblerait que Renault ait du mal à maintenir le piquet car les ouvriers, tous motorisés, veulent partir en week-end.

*20 mai.* – Les Canfield devaient venir déjeuner. Je les ai attendus jusqu'à quatorze heures. Ils ont dû oublier, sinon ils auraient téléphoné. Oh ! Eh bien tant pis.

À quinze heures, Nicholas Lawford est venu parler de Frédéric le Grand et nous avons passé un excellent moment à échanger des potins historiques. Il dit que l'on ne fait pas plus rouge que les R., ce qui ne me surprend guère. Je note que beaucoup s'empressent de prendre le train en marche. À ses yeux, Paris est devenue insupportable et il s'apprête à partir pour l'Allemagne. Nicholas sera de retour dans dix jours.

Le cher M. Dunois, mon homme à tout faire, est venu pour divers travaux. Je le trouve très déprimant. Il affirme que les ouvriers sont tous surexcités et pense que les communistes prendront bientôt le pouvoir. Ses collègues seront probablement en grève jeudi. Comme l'ensemble de mes amis de chez Renault, il s'y oppose fermement, mais que peut-on faire ? Ils nous a installé une cuisinière à gaz Calor en cas de coupure de courant et s'est montré adorable avec ma vieille Marie, qui commence à avoir peur.

La radio me terrifie. Si la BBC ne donnait pas constamment des informations erronées sur la France, je l'écouterais bien, mais quel l'intérêt ? Ils n'y comprennent rien. *Le Figaro*, qui paraît normalement, pousse des cris d'alerte et supplie le gouvernement de « faire quelque chose », un peu comme une femme hystérique dont la maison serait en flammes. Marie dit son chapelet dès qu'il n'y a rien d'autre à faire. J'ai bien peur que, tout comme Frédéric le Grand, je pense que Dieu existe mais qu'il nous abandonne à notre triste sort : à nous de nous débrouiller seuls en ce bas monde. Inutile de l'ennuyer, c'est peine perdue.

« Dieu Tout-Puissant, c'est encore Mme Rodd* au bout du fil.

– Dites-lui de se remettre au travail. »

*21 mai.* – François-Poncet, cet horrible vieux moulin à paroles, et Daninos signent les deux articles les plus importants dans *Le Figaro* de ce matin. Très inspirant.

La bourse, plutôt au beau fixe hier, vient de fermer ses portes et les banques suivent le mouvement. Je peux vivre sur les économies de Marie, alors inutile de me faire du souci.

J'ai téléphoné à Henry. Il m'a raconté que la nuit dernière un groupe de jeunes avait entre-

* Bien que divorcée de Peter Rodd en 1957, Nancy garda toujours son nom d'épouse, sauf pour signer ses livres. *(N.d.T.)*

posé des armes en nombre dans la cour de son immeuble. « Franchement, Nancy, on pourrait nous liquider d'un seul coup de l'une de ces barres de fer. » Après avoir raccroché, j'ai appelé Bodley*. Nous avons toutes deux hurlé de rire et une heure plus tard elle a essayé de joindre Henry à son tour, mais il était déjà parti pour la Belgique. Bodley et moi pensons que nous allons nous déguiser en étudiantes, comme Lucy, et nous introduire chez lui afin de voler tout son Sèvres.

Le jardin est plein de bébés hérissons qui grelottent de froid, pauvres petites créatures !

Bertrand pense que l'on va trouver une issue mais qu'il s'agira d'un travail de longue haleine. Je lui ai fait part des propos de Henry.

« On ne saurait être trop prudent, a-t-il répondu.

– Oui, il lui a suffi de jeter un seul coup d'œil sur la barre de fer, ai-je dit.

– Les barreaux de fer ne font pas les prisons. Ne suis-je pas génial ? » a conclu Bertrand.

On ne trouve plus de beurre rue de Montreuil, alors je suis allée au marché où il y en avait en abondance. Le drapeau tricolore flotte toujours sur la façade du lycée Hoche et tous les garçons semblent être présents, mais ils discutent au lieu d'étudier. Comme cela doit être ennuyeux ! Certains des élèves qui traînent dehors portent un

* L'un des surnoms de sa sœur Diana Mosley qui vivait non loin, à Orsay. *(N.d.T.)*

brassard et une pensée à la boutonnière. Sur le chemin du retour, j'ai croisé M., Mme et Mlle Saclay, et nous sommes rentrés à pied ensemble. Ils pensent que tout le monde est devenu fou. Mademoiselle, qui fait des études de pharmacie, est en grève. C'est la troisième gréviste que je rencontre – tous s'exécutent à contrecœur.

J'ai rendu visite aux Lebrun. Mme Dupont, sœur de Mme Lebrun, et son époux étaient présents. Mme Lebrun est vraiment ravissante, elle a l'air d'avoir seize ans. Elle a cinq ou six petits enfants adorables qui ne cessent d'entrer et sortir. Il est terrifiant de penser qu'ils seront très bientôt étudiants. Nous avons longuement discuté et la conversation reflétait leurs opinions. Ils sont gaullistes et catholiques, mais cela n'a mené nulle part si ce n'est que M. Lebrun a dit qu'il serait préférable de voter la « motion de censure ». Ainsi, il y aurait des élections législatives et nous saurions à quoi nous en tenir.

J'ai fait remarquer qu'en France le salaire minimum était bien trop bas.

« Oui, mais si vous examinez attentivement les faits, vous découvrez que chaque famille a une autre source de revenus non déclarée. L'épouse rapporte des travaux de couture à la maison ou fait des ménages à l'extérieur. L'époux est également serveur, et ainsi de suite, a répondu Mme Dupont.

– C'est vrai ici à Versailles, ai-je poursuivi, mais ce n'est probablement pas le cas pour l'immense classe ouvrière. Qui leur donnerait du travail en plus ? »

Depuis des années, *La Croix* répète que l'on ne doit surtout pas séparer les ouvriers de la bourgeoisie, et cela semble le bon sens même, mais pourtant cette ségrégation est toujours d'actualité.

Je suis rentrée à la maison pour regarder à la télévision le débat à l'Assemblée. Deux excellents discours, l'un de Pierre Poujade, qui semble tout à fait remarquable, l'autre de Jacques Duhamel. L'intervention de René Billères n'était pas mal, mais bien trop longue. Après son allocution, il s'est levé pour répondre aux critiques de Pompidou* et Marie a dit : « Mince alors, il revient. » J'ai l'impression que le gouvernement va gagner sans problèmes, mais la radio affirme qu'on ne permettra pas au Général d'organiser un référendum.

*22 mai.* – Moscou prétend que les ouvriers français sont en train d'essayer de pousser le bouchon un peu loin. Bien entendu, la radio n'en a pas dit un mot. *Le Figaro* est plus ennuyeux et agaçant que jamais. J'aimerais pouvoir lire un quotidien du matin sensé mais il n'en existe aucun. Je les ai tous essayés. *Le Monde* est de

* Rappelons que Georges Pompidou (1911-1974) fut le Premier ministre du général de Gaulle d'avril 1962 à juillet 1968. *(N.d.É.)*

tout premier ordre mais je ne veux pas lire la presse l'après-midi.

Ce matin à la crémerie, Marie, qui s'enhardit de plus en plus, a déclaré :

« Toutes ces grèves sont organisées et les hommes doivent y prendre part, que cela leur plaise ou non.

– Vous avez tout à fait raison, a répondu une jeune femme avec un bébé. Il y a dans le coin une petite usine où personne ne faisait grève. *Ils* sont venus et ont dit aux hommes de les rejoindre. Les employés sont allés voir le patron. "Nous n'avons rien contre vous, mais nous devons nous mettre en grève", lui ont-ils annoncé. »

Bodley est allée à Paris, histoire de s'amuser de la situation – mais aussi à cause du froid. À en croire la radio anglaise, la température ne dépassera pas aujourd'hui les onze degrés. Notre service météo est en grève. Ce n'est pas une grande perte.

Bodley m'a dit qu'il y a quelques jours Henry avait demandé :

« Et comment Bertrand prend-il tout cela ?

– Oh ! Nancy m'assure qu'il en rit aux éclats, comme toujours.

– Franchement, Bodley, poursuivit Henry, je me demande si tel est bien le cas. Je crois que si Nancy nous voyait, vous et moi, partir pour l'échafaud, elle s'exclamerait : "Oh ! ils hurlaient de rire." » J'ai répondu qu'il en serait sûrement ainsi. Tout prête à rire dans la vie.

Je vis toujours grâce au pot au feu des Canfield, et ce à chaque repas. J'ai téléphoné aux Catesco, un couple de Roumains qui est parvenu à s'échapper il y a un an ou deux, pour m'assurer qu'ils se portaient bien. Aucune réponse. Je pense qu'ils ont dû repartir ventre à terre en Roumanie, désormais en plein essor. Je ne les en blâme pas.

La mère mésange a fait déménager sa famille. Tout à fait judicieux de sa part. Trois chats n'arrêtaient pas de leur tourner autour. Mais nous voici privés d'un merveilleux divertissement. L'excellente Société d'assistance aux bêtes d'abattoir, à qui je fais régulièrement des dons, a sauvé tout le bétail prisonnier des trains immobilisés – un souci en moins !

*23 mai.* – Hier après-midi, je suis allée au château et je m'attendais presque à voir Florence Van der Kemp* au balcon. Mais sur place la situation ressemble plus aux journées qui ont suivi le départ de la famille royale. Le palais est vide et fermé, pas une âme sur la terrasse, seuls les jardiniers travaillent encore. Il faisait aussi froid qu'en hiver. Les orangers avaient un air pitoyable. Avant de m'y rendre, j'ai regardé à la télévision le discours de Pompidou à l'Assemblée – l'excellence même, il a parlé pendant plus d'une heure sans notes. Presque tous les députés

---

* Épouse du conservateur en chef du château de Versailles. *(N.d.T.)*

lisent leur allocution et cela est très monotone. Edgar Pisani a tourné casaque. Il ne s'est pas laissé pousser la barbe pour rien.

Peter de Polnay* a téléphoné. Ils vivent dans un hôtel à Saint-Germain-des-Prés. Il m'a dit que tout allait bien pour eux et m'assure que tel sera le cas pour tout le monde.

Emmanuel de La Taille est réapparu à la télévision : je lui ai trouvé l'air plutôt sombre. Il a peut-être dû passer un jour ou deux au frais. Ces derniers temps, Léon Zitrone, dont Dolly** était amoureuse, est resté invisible. Tous ces hommes à l'air mauvais qui expédient les nouvelles à la vitesse d'une mitrailleuse sont complètement nouveaux dans le paysage. Ils ne semblent pas se raser d'aussi près que leurs prédécesseurs. Mais à midi nous avons vu la charmante Jacqueline Baudrier qui couvre les débats parlementaires. Elle a l'air inquiet mais est tirée à quatre épingles.

*Le Figaro*, qui n'accorde presque aucune place aux discours de la nuit passée, n'en finit plus de parler de la fête des Mères. Sera-t-elle annulée ou non ? L'un des éditoriaux est consacré aux chansonnettes que Napoléon adorait. Quel journal abominable !

Le nouvel archevêque de Paris parle beaucoup de souffrance. Comme c'est étrange ! Où se

---

* Écrivain hongrois (1906-1984). Ami de Nancy Mitford, qui l'aidait financièrement. *(N.d.T.)*

** La princesse Dolorès Radziwill (1886-1966) avait été la meilleure amie de Nancy Mitford à Paris. *(N.d.T.)*

cache-t-elle ? Ici, tous mes amis d'origine modeste ont la même phrase à la bouche : « La France a été trop heureuse. » Depuis plusieurs années, j'ai l'impression que la France s'est presque entièrement embourgeoisée. Le père de Marie était un paysan très pauvre et ses enfants ont été élevés en souffrant quasiment de la faim. Mais ses neveux et nièces sont plus que prospères. Tous possèdent une voiture et une petite résidence secondaire.

Les Saclay sont venus boire une coupe de champagne avant le dîner. Ils sont très optimistes et disent que les ouvriers voient les vacances arriver et aussi leur jour de paie. M. Saclay a raconté qu'au début les gens restaient chez eux et qu'alors son magasin était presque vide. Maintenant ils se sont habitués à la situation et reviennent comme si de rien n'était, mais certaines marchandises commencent à manquer. Les livreurs étaient sur le point de ravitailler leurs clients lorsque des hommes venus de Saint-Cyr leur ont dit de se mettre en grève.

Les éboueurs viennent toujours ramasser nos poubelles. Il faudra que je m'en souvienne au moment des étrennes de Noël.

*24 mai.* – La nuit dernière, nouveaux désordres estudiantins. Cohn-Bandit n'a pas le droit de rentrer d'Allemagne. Je crois qu'il s'agit d'une très mauvaise décision mais chacun ici applaudit à tout rompre. J'imagine sans peine combien il va s'amuser à rentrer en fraude, car c'est bien ce qui va se passer. Matériau idéal pour un roman de cape et d'épée. Mais alors pourra-t-on jamais lui faire quitter la Sorbonne ?

Toute la nuit, bataille rangée autour de la maison de Jean de Gaigneron. J'espère qu'il est absent. Ces combats tournent au cauchemar pour ceux qui vivent dans les environs : les gaz lacrymogènes pénètrent dans les intérieurs et y restent une éternité. Marie a dit que ces jeunes gens paraissaient « très mal élevés ». Tony Gandarillas a téléphoné. Il m'a dit que Jean avait passé une nuit épouvantable et que dans les rues le gaz ne s'était toujours pas dissipé.

Je suis allée au marché et n'ai jamais vu autant de nourriture. J'ai acheté de la chicorée pour Marie. Elle en raffole mais n'en trouve jamais ici. Comment est-ce possible ? Je dirais que la situation semble légèrement plus encourageante.

*25 mai.* – La nuit dernière, le Général a été parfait. Après les flots de paroles auxquels nous avons eu droit dernièrement, ce fut un soulagement d'entendre une allocution courte, caustique et sensée. Fouchet* a publié un communiqué. Selon lui, la « pègre » refait surface.

Je me souviens que Bodley, qui parlait un jour de la Commune avec un ami français, lui a demandé :

---

* Christian Fouchet (1911-1974), ministre de l'Éducation nationale (1962-1967) puis de l'Intérieur (1967-1968). *(N.d.É.)*

« Que peut-il bien être arrivé à ces sauvages qui, il n'y a pas si longtemps, mettaient le feu partout et dépeçaient vivant des chevaux dans les rues ?

– Ils sont toujours là », a répondu l'autre.

Les hommes de la division Leclerc ont eux aussi publié un communiqué : ils n'ont pas libéré Paris pour voir la ville détruite par une guerre civile et sont prêts à revenir pour rétablir l'ordre. Mendès France qui, du haut d'un balcon, contemplait les émeutes avec un malin plaisir a déclaré que la police avait l'avantage sur les manifestants et que cela était injuste. Pour l'amour du ciel ! Bertrand m'a dit que le problème était d'ordre démographique. Il y a trop de jeunes et partout ils se retournent contre leurs aînés.

J'apprends que la fête des Mères aura bien lieu demain, ce qui semble déplacé car ces misérables mères sont responsables de tout ce qui se passe, elles ont des familles nombreuses et élèvent très mal leur progéniture. J'aimerais dire deux mots à la mère de Cohn-Bandit. Bodley m'a rapporté avoir vu hier deux personnes battre des chiens. Du jamais vu ici. Cela annoncerait-il un retour à la discipline et pourrait-on appliquer la chose aux enfants ? Je rêve tout simplement de voir quelqu'un regarder un enfant en fronçant les sourcils. Souvent, je me dis que de nos jours le pire pour un enfant doit être de voir tous ces visages d'adultes lui sourire bêtement.

À midi, Pompidou a été merveilleux à la télévision. Plus on le voit, plus il fait impression.

J'ai des tas de bouteilles de champagne et plus d'eau minérale, alors si l'eau du robinet vient à manquer Marie et moi serons ivres du matin au soir. Quel tableau ! J'ai passé l'après-midi à arracher les boutons d'or fanés. Je lis Lady Cynthia Asquith* ; le livre n'est pas aussi mauvais que l'ont dit les critiques, du moins dans mon souvenir, mais je n'aime pas la personnalité qui en ressort. Je n'ai pas lu un quotidien anglais depuis quinze jours mais Bodley, qui a pu se procurer le *Sunday Times*, me garde les articles de Nigel Dennis**.

*26 mai.* – Hier soir, Léon Zitrone a réapparu à la télévision, souriant et « pimpant ». Mais ce matin tous les journalistes de l'ORTF sont en grève, ils disent que les nouvelles qu'on leur demande de livrer ne sont pas objectives. Cela me dépasse. Depuis une semaine, nous avons eu droit à un flot ininterrompu de propagande communiste. Ils veulent peut-être empêcher Pompidou de passer à l'antenne.

Le Général a dit au nouvel ambassadeur américain que le futur appartenait à Dieu, mais

* Il s'agit du *Journal* de Cynthia Asquith (1887-1961), qui fut la belle-fille de Herbert Asquith, Premier Ministre de Grande-Bretagne de 1908 à 1916. Personnalité très originale, elle inspira le personnage de Lady Chatterley à D.H. Lawrence et fut la plus proche collaboratrice de J.M. Barrie, l'auteur de *Peter Pan*. *(N.d.T.)*

** Auteur satirique et critique littéraire (1912-1989). *(N.d.T.)*

l'archevêque que nous avons vu à la télévision hier soir n'a pas mentionné Dieu une seule fois. Il n'a abordé que des questions pratiques comme le problème des salaires, même si à la fin de son intervention il a déclaré que les chrétiens pouvaient prier. Marie n'a pas noté combien c'était bizarre et je ne le lui ai pas fait remarquer. Mme Saclay m'a dit qu'il s'agissait de la nouvelle tendance au sein de l'Église. On ne met plus l'accent sur Dieu mais sur les conditions de vie. Je lui ai demandé comment elle s'en sortait et si Suzanne (sa fille) avait été surprise par la révolte de ses camarades d'études. Elle m'a répondu que Suzanne, qui est profondément croyante, prend tout cela calmement, mais cela faisait déjà un certain temps qu'elle affirmait que les garçons – pas les filles – brûlaient du désir de se battre. Comme beaucoup de gens ici, Mme Saclay relie les émeutes à un désir de violence physique. Certains de nos jeunes amis argentins qui, jusqu'à ces derniers temps, vivaient à la Cité des arts, une annexe de l'université, et qui côtoient toujours les étudiants, ont dit à Bodley que la situation les avait frappés de stupeur et qu'ils étaient loin d'avoir prévu ce qui allait arriver. Les mêmes ont eu horriblement peur lorsque des fous ont fait irruption dans leur rue avant de mettre le feu aux poubelles. Soit dit en passant, notre fidèle éboueur est toujours fidèle au poste.

Cette nuit, Marie a rêvé du Général. Elle s'inquiète pour lui. Je me demande s'il sait à quel point les gens comme elle l'aiment.

J'ai rendu visite à mon ami qui travaille chez Renault. Son épouse a fermé le petit kiosque où elle vend des cartes postales car les affaires sont au point mort. Un instituteur et sa femme étaient également présents. Nous avons parlé de la situation actuelle, comme toujours.

Christian, le Noir qui vend des légumes et qui est le chouchou de toute la rue, a dit que le Général devait partir. Il compte parmi les colons français d'Algérie, et bien sûr ils cherchent à se venger.

J'ai passé quelques coups de fil. Les « gens du monde » semblent plutôt réagir calmement. « Très bien, déclarent-ils. « Nous devons désormais nous préparer à vivre comme les Suédois, c'est-à-dire bien plus simplement, et il faudra que nous fassions nous-mêmes la cuisine. » Dans ce cas, je vais mourir de faim étant donné que je ne sais pas cuisiner – qui s'en soucie le moins du monde ?

Poujade a remporté les municipales à Lyon, il a obtenu six mille huit cent voix de plus que dimanche dernier. Tous les gens que je rencontre pensent que le Général va gagner le référendum, cela ne fait aucun doute à leurs yeux.

Ce pays est devenu un vrai volcan ! Chacun sait bien sûr qu'il peut entrer en éruption d'un instant à l'autre mais, comme pour les véritables volcans, le sol est si riche et si fertile, au sens propre et figuré, qu'une fois qu'on a vécu ici toute alternative semble inconcevable.

*27 mai.* – Aujourd'hui, j'ai pensé à tout autre chose et me suis contentée d'écouter les nouvelles à l'heure du dîner. Les grévistes ont refusé les conditions du gouvernement. Ils disent que s'ils les acceptent le pays sera ruiné au bout de quelques mois et qu'on le leur reprochera. Mieux vaut en rire. Mais que proposent-ils à la place ? Les étudiants sont contrariés car ils n'ont plus la vedette, ce qui me fait songer à une petite fille de ma connaissance qui veut toujours être le centre d'attention de son entourage. Le garçon corpulent a quitté le syndicat des étudiants pour se consacrer à la politique. Nous manquons de personnalités dans son genre, c'est certain.

Il semblerait maintenant que pour les contestataires toute personne de plus de trente ans devrait être morte. Lorsqu'elle est devenue reine, Marie-Antoinette a déclaré qu'elle ne comprenait pas comment les plus de trente ans osaient se montrer à la Cour. Elle les appelait « les siècles ». Pauvre petite ! Elle a elle-même dépassé rapidement cette limite d'âge et n'a pas connu une fin très heureuse. Les gérontophobes de la Sorbonne bénéficient du soutien politique de Waldeck Rochet (sosie du père de Yul Brynner), de Mendès France, qui a soixante et un ans, et du Taureau de la Nièvre (Mitterrand) qui, à cinquante-deux ans, n'est pas un perdreau de l'année. Ils s'imaginent peut-être s'offrir une seconde jeunesse.

À Paris, les pharmacies manquent de tout, mais l'on raconte que des tonnes de médicaments ont été entreposées à la Sorbonne. J'espère vraiment que nos futurs dirigeants ne sont pas une bande d'hypocondriaques.

*28 mai.* – Lucy a téléphoné : elle a abandonné le port du bonnet phrygien lorsque les jeunes Delacroix de la Sorbonne, si beaux et si polis, sont devenus pyromanes. Elle est retournée sur place et j'en conclus que les occupants commencent à ressembler de moins en moins à Delacroix et de plus en plus à Van Gogh. Elle m'a dit qu'elle ne pouvait plus continuer à vivre dans une ville où le coiffeur demandait quatre livres et le médecin cinq. Je lui ai dit de ne pas s'inquiéter car très bientôt ces deux professions n'existeraient plus. « Bien sûr, avec vos cheveux raides et votre santé de fer cela ne pose aucun problème », m'a-t-elle répondu. Elle part pour Londres ; je perds donc mon trait d'union avec la Sorbonne.

J'ai entendu à la radio que l'on demandait à quiconque connaissant l'adresse d'une pompe à essence pleine de carburant de le signaler immédiatement. J'ai plutôt l'esprit civique mais si tel était le cas, j'en ferais part à mes amis et non à ceux qui dirigent en ce moment la radio française.

Je suis allée en ville acheter quelques vivres afin de faire des réserves. Jusqu'à présent, je n'avais pas sacrifié à cette pratique. Je n'ai pris que ce que je pouvais porter moi-même et seulement des denrées que les Français détestent, comme les flocons d'avoine Quaker.

Mme Denis a raconté à Marie qu'elle connaissait quelqu'un qui avait acheté de la nourriture pour une somme de quarante livres et elle a ajouté d'un air menaçant : « Alors, si les choses tournent mal, nous saurons où aller. » Mais samedi, j'ai été touchée quand elle m'a dit que je ne devais pas lui donner son salaire de la semaine si cela me posait le moindre problème.

Alors que je rentrais du parc, deux garçons à moto ont fait mine de vouloir me tuer en me poursuivant sur le trottoir, pourtant large. Mais je dois ajouter que lorsque j'ai éclaté de rire, ils ont fait de même avant de partir en me faisant des signes amicaux de la main. J'espère que les gens de plus de trente ans seront exterminés rapidement, avec clémence, et qu'on ne les laissera pas mourir de faim dans des camps.

K. a téléphoné pour me dire qu'elle avait réussi à se procurer de l'essence, elle peut donc me conduire où bon me semblera – j'ai vraiment affaire à un ange. « Je ne souhaite aller nulle part mais j'aimerais vous voir », ai-je répondu. Tout comme Marie, elle s'inquiète pour le Général. À l'évidence, les habitants de Chatou, où elle réside, pensent et disent les mêmes choses que mes voisins. On y dresse le même constat : « La France a été trop heureuse. »

Nous avons vu Mitterrand à la télé et Marie a fait un commentaire point par point. J'ai tellement ri qu'il se peut que je n'aie pas compris correctement son message, mais j'ai l'impression qu'il en appelait au coup d'État. Puis ce fut le tour de Pompidou, dont l'attitude calme et raisonnable rend optimiste dès qu'il apparaît à l'écran. Il propose un vote à bulletins secrets dans les usines. Voilà de quoi redonner de l'espoir ! J'ai également entendu William Pickles qui, depuis Londres, a déclaré que pour chaque Anglais Mendès France était le Premier ministre idéal mais qu'il n'en allait pas de même pour chaque Français. C'est bien la vérité. Si seulement les correspondants parisiens de la BBC étaient aussi bien renseignés que Mr Pickles ! Mais ils semblent détester la France et lui prédisent le pire, car tel est leur souhait le plus cher. Le pire arrivera probablement mais on ne peut en être vraiment certain.

*29 mai*. – Les architectes français qui réclament une liberté totale – en d'autres termes, il s'agit d'anarchie – veulent qu'on leur donne carte blanche pour raser la ville et remplacer Paris par New York.

J'ai vu un jeune homme vendre *L'Action française* – c'est si typiquement versaillais ! J'y ai jeté un coup d'œil. On ne peut imaginer plus stupide et encore plus extrême droite que ce journal intime, ce qui ne manquera pas de surprendre mes lecteurs. De Gaulle et Waldeck Rochet sont mis dans le même panier, et on y reproche surtout à Cohn-Bandit d'être un Juif allemand. Or il se trouve que la seule chose que j'aime chez les étudiants est bien leur cri de guerre : « Nous sommes tous des Juifs allemands ! » Je ne suis conservatrice que parce que j'estime qu'il y a beaucoup à sauver dans la société française. Il est bien dommage que tout doive se mettre brusquement à flamber pour quelques réformes.

J'ai entendu dire que la Rolls-Royce de l'ambassade avait fait le tour de Paris afin de délivrer en mains propres les invitations pour la garden-party. À la bonne heure ! Restons Anglais en toutes circonstances.

À l'heure du déjeuner, la radio a annoncé que le Général était parti pour Colombey. Marie et moi nous sommes regardées d'un air terrifié et désespéré, mais il paraît qu'il s'y rend pour réfléchir et sera de retour dès demain. Les politiciens se précipitent devant les micros : tous déclarent d'un ton bienveillant qu'ils sont prêts à prendre la relève. Que Dieu nous garde de ces hommes ! Les étudiants seraient encore préférables à ces vieilles rosses. Que veulent vraiment ces jeunes gens ? Nous en savons si peu à leur propos. Lorsqu'ils apparaissent à la télévision, ils n'ont qu'un seul mot d'ordre : « À bas la société ! » L'autre jour, Fouchet a dit d'un ton quelque peu agacé qu'ils avaient des idéaux – qui n'en a pas à cet âge ? Mais dans leur cas, quels idéaux ! Les gens de plus de trente ans doivent disparaître, personne ne doit plus apprendre quoi que ce soit ou passer le moindre examen. (Étant moi-même une autodidacte, je vois où ils veulent en venir, mais en tant que contribuable je me demande à quoi peuvent bien servir écoles et universités.) Quiconque les désapprouve doit garder le silence.

Ils aiment provoquer des incendies et saccager les monuments aux morts. Ils sont également contre le béton. Très bien ! Très bien ! Mais où va-t-on vivre ? Dans des tentes ? Rien de tout cela ne constitue un programme crédible. Ils disent maintenant qu'ils vont faire du porte-à-porte afin d'expliquer leur ligne de conduite. Il me tarde de les entendre. Marie pense que si nous les laissons entrer, ils vont mettre au point un futur cambriolage. Tant pis, je dois les rencontrer.

À l'épicerie, une femme a demandé si la poste était ouverte. « Bien entendu, et elle est occupée ! » Éclat de rire général.

*30 mai.* – Je n'avais pas vraiment réalisé combien au fond je suis solitaire. Les journées s'écoulent et je n'ai nulle envie de quitter ma maison et mon jardin. Cela fait maintenant trois semaines que je ne bouge plus. Nous vivons un roman-feuilleton mouvementé et le nouvel épisode, cet après-midi, dévoilera la déclaration du Général.

*Plus tard.* – J'ai attendu son intervention la peur au ventre, mais dès qu'il a pris la parole, j'ai su immédiatement que tout irait pour le mieux. La France ne sera pas remise, comme un vulgaire paquet, entre les mains d'un régime qu'elle pourrait ne pas désirer sans même avoir la possibilité de dire oui ou non.

Je suis allée au marché, et dans les rues les gens qui faisaient leurs courses avaient déjà l'air plus joyeux. Puis la manifestation sur les Champs-Élysées, longuement commentée à la radio d'un ton enthousiaste, a prouvé que le Général n'avait rien perdu de sa magie. J'aurais donné n'importe quoi pour quitter ma maison et mon jardin afin d'y assister.

À vingt heures, le journal télévisé était vraiment incohérent – Lady Asquith s'était peut-être introduite dans les studios. Nous avons eu droit à une photo charmante de Mendès France et de Mitterrand : ils ressemblaient à deux vampires qui auraient vu une gousse d'ail.

*31 mai.* – Je me suis levée avec la sensation de sortir d'un cauchemar. Les gens qui sont allés place de l'Étoile hier disent que l'atmosphère rappelait la Libération. En entendant le bruit de la foule depuis l'Élysée, l'aide de camp de de Gaulle lui a dit : « Ils sont tous là pour vous, mon Général. » Ce à quoi il a répondu : « Si seulement il ne s'agissait que de moi ! » Les Parisiens étouffaient leurs sentiments depuis environ quinze jours, mais cela a semblé bien plus long et le ciel paraissait vraiment sombre. Maintenant, ils viennent d'exploser.

Quelques heures après la manifestation, le Taureau de la Nièvre s'est retrouvé coincé, boulevard Saint-Germain, entre deux groupes d'étudiants, gaullistes et antigaullistes. Ils ont cessé de débattre et ont fondu sur lui. La corrida a alors commencé et le pauvre vieux taureau, écumant et essoufflé, a dû être secouru par ces mêmes policiers qu'il avait si copieusement insulté.

Selon la BBC, dans l'erreur une fois de plus, il est évident que l'ORTF est à nouveau entre les mains du Général puisque son discours n'a pas été critiqué à l'antenne. Rien n'est plus faux. Nous avons eu droit à des déclarations à chaque nouveau bulletin d'informations. À l'exception de Mendès France qui jusqu'à présent se refuse au moindre commentaire, tous les chefs de partis se sont exprimés. Pour dire la vérité, un enfant de six ans aurait pu rédiger ces communiqués – ils sont si convenus et ennuyeux.

Je me demande si les « habitués » de la télévision sont aussi soulagés par l'absence de programmes que je le suis moi-même par l'absence de courrier ? J'ai longtemps pensé que je ne vivais que pour l'arrivée du facteur, désormais je ne sais comment je pourrais supporter sa venue. La joie de recevoir des lettres de divers correspondants chers à mon cœur n'est rien comparée aux requêtes, réclamations et autres déclarations émanant de parfaits inconnus. Invitations à ne pas oublier, formulaires à remplir et ainsi de suite. Cela occupe souvent toute ma matinée. Je n'ai pas de secrétaire et n'apprécierais pas la présence physique de quelqu'un à mes côtés. Je constate que les employés de la poste sont sur le point de reprendre le travail, alors je doute de pouvoir jouir encore de quelques jours de paix.

La télévision ne reprend sa programmation que pour diffuser le journal de vingt heures, mais à la radio les bulletins d'actualité sont toujours aussi réguliers. La vente des livres a triplé depuis le début de la grève.

*Plus tard.* – Horreur ! Le beau et brillant Emmanuel de La Taille, qui a l'air si anglais et digne de confiance, et qui fait des reportages télévisés sur le Marché commun et sur divers sujets politiques, est l'un des grévistes. Nous avons tous été inquiets pour lui. J'ai pensé qu'on le retenait prisonnier dans l'une des sinistres chambres de torture de l'ORTF, où il résistait vaillamment comme le garçon du film *Les Trois Lanciers du Bengale*, celui qui n'a pas de mère américaine et une goutte de sang jaune. Et pendant tout ce temps il s'agitait à la Sorbonne. Ma confiance en la nature humaine n'est pas ébranlée, elle est réduite à néant. Le sort réservé à l'ORTF sera des plus intéressants à observer. Ils ont promis des réformes et j'imagine que cela dépendra en grande partie de leur aptitude à dénicher quelqu'un comme Lord Reith*, un homme capable de prendre modèle sur la BBC. Certains des journalistes en grève ont déclaré qu'ils souhaitaient diriger eux-mêmes l'ORTF, comme une société privée ou un journal. D'autres affirment que le pouvoir doit rester aux mains de la nation, quoi que cela puisse vouloir

---

* John Reith (1889-1971), premier directeur de la BBC en 1927. *(N.d.É.)*

dire – mais, j'espère, pas au détriment de la vivacité de ton. J'ai des doutes quant à la qualité des divertissements proposés par une institution dirigée par le peuple pour le peuple.

*1er juin.* – J'ai pris l'autobus pour me rendre à Orsay. Ce petit bus qui a roulé normalement pendant toute la durée des émeutes est très symptomatique du monde moderne. Dans la mesure où chaque habitant de ce pays – sauf moi – possède une voiture, il ne transporte que des Arabes et des enfants. Je n'y ai jamais rencontré un bourgeois. Le trajet est des plus ravissants. Nous passons par Jouy-en-Josas – un ensemble de petites maisons perdues dans les bois. L'endroit doit ressembler très exactement à ce qu'il était lorsque le duc de Luynes a vu Louis XV galoper, tout seul, le long de la rue principale du village après avoir perdu son équipage de chasse à courre. Puis l'on traverse la forêt avant de déboucher dans une vaste plaine où se succèdent champs de maïs et fermes imposantes. Au beau milieu, le centre de recherche nucléaire n'est ni laid ni disproportionné, mais il est discrètement caché par une haie de peupliers. Enfin nous redescendons vers la vallée de Chevreuse, et c'est là que le gâchis commence. Orsay, qui était une charmante petite ville de marché, a été rattachée à la Sorbonne, on y voit partout des constructions universitaires nouvelles. Les habitants sont furieux contre les étudiants, ils disent que tout a été fait pour leur plaisir – grandes piscines et terrains de sports, vacances gratuites à la montagne, etc. –, et voilà comment ceux-ci expriment leur gratitude.

J'ai eu entre les mains divers journaux anglais de ces quinze derniers jours. Dieu qu'ils étaient alarmants ! Je comprends maintenant pourquoi on m'appelait de Londres en me proposant des couvertures et du thé. Ici, les gens ont eu peur parce que leur avenir était en jeu. Il fallait envisager la ruine de ce beau pays, les coups violents à la porte et le commissaire nous ordonnant de rassembler quelques effets avant de partir. L'un de ces quotidiens a publié la lettre d'une femme dont le hérisson lui parle – je suis jalouse. Les miens ne m'adressent jamais la parole et je m'interroge avec inquiétude sur leurs projets démographiques.

J'ai écouté sur la BBC l'émission *A Word in Edgeways* ; je crois en effet qu'elle est censée refléter les conversations que l'on pourrait surprendre dans les foyers. J'ai été surprise en découvrant qu'on n'y faisait aucune différence entre les communismes russe et chinois. C'est bien ce dernier qui nous menace ici. De plus, rien n'a été dit sur l'aspect générationnel de la révolte – les jeunes contre les vieux. Une intervenante a raconté qu'elle avait rencontré Mendès France et que c'était un grand démocrate. Il peut donner cette impression lors d'un dîner, mais la semaine dernière son attitude n'avait rien de tel.

Cette année, il y a bien plus d'hirondelles que l'an passé. Je me demande si cela s'applique aussi aux martinets – je craignais qu'ils ne commencent à ressentir les effets des pesticides.

*2 juin (dimanche).* – Les gens se précipitent à l'église. Hier, Marie a dû faire la queue pendant deux heures avant de pouvoir se confesser – il s'agit des péchés d'une sainte. Ce matin, notre belle église de Saint-Symphorien était pleine à craquer. On a fait une collecte pour les étrangers qui ont souffert de la grève ; cela s'adressait plus aux ouvriers portugais qu'aux Anglais à bout de ressources.

Lucy se pâme de nouveau devant les étudiants. Elle dit qu'ils étaient une fois de plus dans les rues ce matin, beaux et polis, ramassant de l'argent pour les personnes âgées. Je lui ai dit que selon moi ils allaient plutôt organiser une soirée cocktail Molotov en leur honneur. « Oh ! Nancy, vous êtes tellement cynique ! » Le fait est que ces étudiants me font penser à un poulet dont on a coupé la tête. Ils courent et tournent en rond sans but, et personne ne leur accorde beaucoup d'attention. Hier, ils ont organisé une manifestation qui n'a rassemblé que vingt mille personnes au lieu des centaines de milliers de la semaine dernière.

Cohn-Bandit a teint ses cheveux en noir. Il va avoir l'air très bizarre, à moins d'allonger quatre livres pour se rendre chez le coiffeur et retrouver sa couleur naturelle.

*3 juin.* – Il règne dehors le plus grand calme, on se croirait en vacances. Les rues sont bien plus tranquilles qu'hier, où il y avait foule autour de l'église. Les sondages d'opinion révèlent que Mitterrand a perdu pied. Pourtant, il n'en tiendra pas compte et André Frossard a écrit dans *Le Figaro* qu'il annoncerait probablement très bientôt son intention de devenir archevêque de Paris. Rien de nouveau du côté étudiants, sauf que des Juifs et des Arabes se sont battus à Belleville et que lesdits étudiants ont empoigné leur drapeau rouge pour les rejoindre. Malheureusement pour eux, ils sont arrivés alors que tout était terminé. Ils auraient mieux fait de reprendre leur études.

J'ai rendu visite à mon ami de chez Renault. Il parle comme si tout était déjà redevenu normal, bien qu'en réalité la grève continue : « Oh ! là, là ! on a eu chaud. » C'est ce qu'ils disent toujours quand la France semble sur le point de perdre un championnat de football avant de le gagner. Mais que va-t-il advenir de nous quand le Grand ne sera plus là ? « La France connaît ce genre d'explosion une fois par génération, ai-je répondu. Dieu merci, cette révolte a eu lieu pendant que le Général était encore parmi nous, il a pu y faire face. Si nous avons de la chance, vous et moi ne serons plus de ce monde la prochaine fois. »

# Table

Mise en page PCA
44400 Rezé

Achevé d'imprimer par Corlet, Imprimeur, S.A. - 14110 Condé-sur-Noireau
N° d'Imprimeur : 114676 - Dépôt légal : juillet 2008 - *Imprimé en France*